Ingrid Häusler

Kein Kind zum Vorzeigen?

Bericht über eine Behinderung

rororo

Rowohlt

rororo aktuell – Herausgegeben von Freimut Duve

Frauen aktuell
Herausgegeben von Susanne v. Paczensky

Wir gehen davon aus, daß der Kampf um Menschenrechte notwendig auch ein Kampf um Frauenrechte sein muß. Wir wissen, daß Frauen speziellen Formen der Unfreiheit und der Ungerechtigkeit unterworfen sind, daß ihre Beteiligung am politischen Handeln auf besondere Hindernisse stößt. Diese Hindernisse sichtbar zu machen, wo möglich, abzubauen – durch Erfahrungsberichte, Erklärungsversuche und Lösungsvorschläge – ist das Ziel von «Frauen aktuell».

49.–51. Tausend November 1983

Veröffentlicht im Rowohlt Taschenbuch Verlag GmbH,
Reinbek bei Hamburg, August 1979

Originalausgabe

Umschlagentwurf Werner Rebhuhn
(Foto: Rudi Meisel / VISUM)
Satz Bembo (Linotron 404)
Gesamtherstellung Clausen & Bosse, Leck
Printed in Germany
680-ISBN 3 499 14524 3

Inhalt

1 Wie alles anfing

Frank war kein «Wunschkind», wie man so schön sagt. Wie sollte er auch! Welche junge Frau wünscht sich im «Zeitalter der Pille» mit zwanzig schon ein Kind? Ich hasse es, wenn eine Mutter sagt: «Es ist ein Wunschkind!» Fordert ein Kind nicht allein durch seine Anwesenheit heraus, es anzunehmen? Irgendwie habe ich bei Müttern, die das so betonen müssen, das Gefühl, daß sie damit gewisse Zweifel an der Liebe zum Kind überdecken wollen.

Meine Situation vor der Schwangerschaft war folgendermaßen: Ich hatte mit siebzehn mit einigermaßen zufriedenstellendem Erfolg die Mittlere Reife gemacht und habe dann drei Jahre lang eine Lehre als Bauzeichnerin absolviert. In der Hauptschule und in den ersten Klassen der Realschule gehörte ich immer zu den Klassenbesten, ich war eine ängstliche, stille und schüchterne Streberin. Mit Beginn der Pubertät und weit darüber hinaus änderte sich das dann, wie bei vielen Mädchen. Ich arbeitete mit nur einer Kollegin und unserem Chef in einem kleinen Statikerbüro. Mit der Kollegin verstand ich mich sehr gut, und die Arbeit machte mir auch Spaß.

Mit zwei Freundinnen zusammen wagte ich es, abends in einen Jugendclub zu gehen, um unsere Kontaktarmut zu überwinden. Es handelte sich um einen Gewerkschaftsjugendclub, der Diskussionsveranstaltungen, Disco-Parties und anderes anbot. Ich kann mich noch sehr gut erinnern, wie ich bei den Diskussionsveranstaltungen dasaß: still, aufmerksam lauschend, den Blick gesenkt, wissend, daß ich auch bei größter Anstrengung und bester Gelegenheit keinen Ton herausbringen würde . . . Wie viele Mädchen und Frauen hatte ich es schon früh versäumt, mir auch nur einen mageren Grund an politischem Wissen anzueignen. Ein Mädchen fiel bei den Diskussionen durch geistige Wendigkeit und Schlagfertigkeit auf, sie war bei den Männern nicht sehr beliebt, und obwohl ich sie bewunderte, war sie mir doch ziemlich unheimlich . . .

In der Diskothek dieses Jugendclubs lernte ich dann Martin kennen – endlich hatte auch ich einen «festen Freund». Er war mir schon ein paarmal durch seine ebenfalls zurückhaltende und schüchterne Art aufgefallen, auch er sagte bei Diskussionen so gut wie nichts. Wir erlebten zwei herrliche Jahre der Verliebtheit. Unsere Beziehung spielte sich hauptsächlich im emotionalen und sexuellen Bereich ab; wir führten aber kaum tiefe Gespräche. Ab und zu ließ ich mir was von ihm erklären. Ich begann, meine Arbeit im Büro nicht mehr so wichtig zu nehmen, ich träumte während der Arbeit vom nächsten Treffen mit Martin, mein Leben hatte nur noch einen Sinn, wenn ich mit ihm zusammen war.

Ab und zu wurde unser vollkommenes Glück getrübt. Ich hatte mich von ihm abhängig gemacht, und ich wurde immer wieder von seltsamen Depressionen überfallen, die ich heute erklären kann. Ich war ein Mensch mit sehr wenig Selbstvertrauen. Ich war unselbständig, hilflos, unzufrieden mit mir selbst, aber unfähig, mir selbst zu helfen. Martin sollte nun diesen Mangel ausgleichen, was ihm natürlich nicht immer gelang, und in den Momenten, in denen sich diese Erkenntnis eben nicht ganz verdrängen ließ, fing ich an zu heulen. Martin reagierte wie die meisten Männer in dieser Situation: Er ließ sich «mißbrauchen», er tröstete mich, er tat alles für mich.

Eines habe ich damals nicht verstanden; als Martin aus gesundheitlichen Gründen überraschend nach einem Monat von der Bundeswehr heimgeschickt worden war, hatte er sich flugs ohne mein Wissen an der Wirtschaftsoberschule angemeldet. Und ich hatte schon meinen Traum vom gemeinsamen Geldverdienen und vom Heiraten in greifbare Nähe rücken sehen!

Ich hatte mir die Pille besorgt, aber ich habe entscheidende Fehler gemacht; ich habe trotz Verdacht auf Schwangerschaft mit der Einnahme begonnen, dann aus lauter Scham in aller Heimlichkeit einen Schwangerschaftstest zum Selbermachen durchgeführt, der ungenau ausgefallen ist, dann habe ich nach Rücksprache mit Martin noch mal vier Wochen gewartet, die Pille weiterhin eingenommen und dann erst einen Test in der Apotheke machen lassen. Ich hatte irgendwo gelesen, daß die Pille keinen negativen Einfluß auf eine noch nicht entdeckte Schwangerschaft hat, ich sagte mir, sie enthält ja sowieso nur die Hormone, die in der Schwangerschaft vom Körper gebildet werden. Verantwortungslosigkeit? Ja und nein. Wir waren beide noch sehr jung, unerfahren und unreif, wir konnten zu jenem Zeitpunkt nicht anders handeln. Auf jeden Fall plage ich mich nicht mit Schuldgefühlen herum; ich würde meinem Kind einen sehr schlechten Dienst erweisen. Es gehört zu unserem Menschsein, daß wir alle Fehler machen; wenn wir das immer mit einkalkulieren, dann sind wir davor gefeit, uns selbst zu verurteilen und zu hassen. Selbsthaß erzeugt die Neigung, ihn in «Fremdhaß» umzuwandeln, das heißt, ihn auf äußere Instanzen zu übertragen und diese dann stellvertretend zu «bestrafen», um das eigene seelische Gleichgewicht wiederherzustellen. Man kann nur versuchen, aus seinen Fehlern zu lernen; das gelingt um so eher, je mehr man mit sich selbst «im Einklang» ist, am wenigsten gelingt es, wenn man in Schuldgefühle und Selbstmitleid versinkt.

Martin stand ein Jahr vor dem Abitur, und ich hatte erst ein Jahr vorher meine Lehre abgeschlossen. Ich war zwar so naiv, mir mit zwanzig eine baldige Heirat zu wünschen, aber ein Kind? Ich erinnere mich, wie

Martin mich fragte, ob ich denn meine, etwas zu versäumen, wenn ich jetzt ein Kind bekommen würde. Diese Frage habe ich ehrlich bejaht. Martin hatte die Nase voll von zu Hause, sein unduldsamer und jähzorniger Vater setzte ihm oft stark zu, und er war nie fähig und auch nicht willens, sich dagegen zu wehren. Sein rationales (männliches) Denken hatte ihm zwar als Ziel vorerst nur eine gute Berufsausbildung «erlaubt», aber er hatte mir auch mal gestanden, daß das eine gute Möglichkeit wäre, aus dem unliebsamen Elternhaus wegzukommen.

Jetzt war es passiert, und für uns beide sah es alles andere als rosig aus. Martin mußte natürlich sofort von der Oberschule herunter und sich einen Arbeitsplatz suchen. Das war gar nicht so einfach; die in Frage kommenden Arbeitgeber drückten alle sein Anfangsgehalt stark herunter, vermutlich ahnten sie seine «Zwangslage». Ich war in den Wochen der Ungewißheit und auch noch danach wie gelähmt. Ich lebte wie in Trance; wieviel Überwindung hat es mich gekostet, das Ganze meiner Mutter zu beichten! Obwohl ich sonst ganz gut mit ihr reden konnte, wußte ich doch, daß sie große Hoffnungen in mich gesetzt hatte, es sollte mir schließlich besser gehen als ihr, die sie zwei Kinder wollte und vier bekam.

Der Frauenarzt hörte mir mit ungläubigem Gesicht zu, bestätigte mir nach erfolgter Untersuchung die Schwangerschaft und fragte noch beiläufig: Wie sieht's mit dem Heiraten aus?

Wir hatten eine schöne weiße Hochzeit mit allem Drum und Dran, ich war stolz darauf, daß man es mir nicht ansah, daß ich schon im vierten Monat war. Wir bezogen für ein halbes Jahr zwei kleine Zimmer im Haus der Schwiegereltern, dann bekamen wir im gleichen Ort eine neue Drei-Zimmer-Dachwohnung. Wirtschaftlich gesehen konnten wir zufrieden sein: wir mußten weder Miete noch Verpflegung bezahlen, und so konnten wir unsere beiden Gehälter für eine nette Wohnungseinrichtung sparen.

Meine Schwangerschaft verlief völlig problemlos, außer daß ich «viel weniger Bauch» als andere Mütter hatte. Langsam begann ich mich auch auf das Kind zu freuen. Das Verhältnis zwischen Martin und seinem Vater war nach wie vor gespannt, aber wir zogen uns so viel wie möglich auf unsere Bude zurück und waren glücklich. Aufs Fernsehen konnte damals auch Martin noch gut verzichten.

In dieser Zeit trat zum erstenmal eine Änderung in Martins Verhalten ein. Vorher hatten wir immer sehr viel zusammen unternommen, ob es sich nun um Ausflüge, Vorträge, Diskussionen oder Tanz handelte. Ich hatte zwar nie Kontakt zu den anderen Gruppenmitgliedern gefunden, ich war immer nur «die Freundin von Martin», bei ihm war es nicht viel besser, aber trotzdem waren wir immer dabei. Und wenn in der Gruppe nichts los war, gingen wir zusammen spazieren oder ins Kino. Jetzt während der Schwangerschaft hatte ich natürlich keine große Lust, in der Gruppe aufzutreten, aber daß Martin selbst zum Spazierengehen immer schwerer zu bewegen war, das hat mir doch zugesetzt.

Wenn ich dann weinte und nörgelte, beeindruckte ihn das auch nicht mehr so wie früher, er begann zusehends, sich gegen meine Erpressungsversuche zu wehren. Warum haben wir nicht an Abtreibung gedacht? Nun – zu jener Zeit fing man in Deutschland gerade damit an, über eine Reform des § 218 öffentlich zu diskutieren, nach gültigem Recht war ein Abbruch nur bei Gefahr für das Leben der Mutter erlaubt. Zu jenem Zeitpunkt hätten wir beide auch nie die Kaltschnäuzigkeit besessen, uns eine Adresse in Holland zu besorgen und hinzufahren.

Die Geburt rückte näher und näher, ich nahm brav an der Schwangerschaftsgymnastik teil und kam mir während meines sechswöchigem Mutterschaftsurlaubs vor der Geburt recht verloren in dem großen Haus vor.

Meine Schwiegermutter sagte, ich solle gar nicht erst mit dem Stillen anfangen, ich dachte, warum eigentlich nicht; sie selbst hatte Martin sechs Wochen lang gestillt und dann eine Entzündung bekommen, die sie zurück ins Krankenhaus zwang. Ich wollte mein Kind stillen. Ich hatte schon verschiedentlich gehört, daß bei Stillschwierigkeiten meist psychische Ursachen vorhanden sind, von der schockierenden Stillfeindlichkeit der Krankenhäuser wußte ich damals noch nichts.

Ich ging regelmäßig zu den Vorsorgeuntersuchungen, und im siebten Monat wurde eine Ultraschall-Untersuchung gemacht, bei der man die Kopfgröße des Kindes vermessen kann. An Hand dieser Kopfgröße verlegte der Arzt dann spontan das wahrscheinliche Geburtsdatum vom 12. 3. 1973 auf den 18. 4. 1973! Damals hatte ich zum erstenmal Angst, daß irgendwas nicht gutgehen könnte. Ich hatte das Gefühl, daß der 12. 3. das richtige Datum sein mußte, was mir dann später von sämtlichen angeschriebenen Professoren bestätigt wurde. Heute weiß ich, daß der verminderte Kopfumfang Zeichen einer vorgeburtlichen Hirnschädigung ist. Hier spätestens sollte jeder künftigen Mutter klarwerden, wie wichtig ein frühzeitiger Schwangerschaftstest ist, auch auf die Gefahr hin, daß man ihn noch mal wiederholen muß. Nur dadurch kann man den Geburtstermin so genau wie möglich festlegen und eventuelle Entwicklungsverzögerungen schon im Mutterleib mit Hilfe von Ultraschall richtig diagnostizieren. Bei Frank konnte die vorhandene Wachstumshemmung des Kopfes nicht erkannt werden, weil der genaue Beginn der Schwangerschaft nicht bekannt war.

Auch die letzten Wochen der Schwangerschaft waren für mich nicht sehr beschwerlich. Wir freuten uns über die spürbaren Bewegungen des Kindes, und wir wünschten uns kein bestimmtes Geschlecht, sondern einfach ein gesundes Kind. Ich kann Leute, die nach gewissen Methoden ein bestimmtes Geschlecht planen, überhaupt nicht verstehen; sie wissen nicht, was für ein großes Geschenk es ist, ein gesundes Kind zu haben, für sie ist es eine Selbstverständlichkeit.

Eines Morgens, es war der 28. 2. 1973, spürte ich beim Aufwachen, daß zwischen meinen Beinen «etwas davonfloß»; als gut unterrichtete werdende Mutter wußte ich, daß das ein sogenannter «Blasensprung» war. Martin mußte mich sofort ins Krankenhaus fahren. In der Klinik wurden wir freundlich empfangen, meine Angst hielt sich in Grenzen, da ich überzeugt war, daß alles gutgehen wird und daß es nur zwölf Tage zu früh war anstatt fünf Wochen.

Zuerst wurde die bevorstehende Entbindung vorbereitet, dann entdeckte ein Arzt, daß der Geburtstermin nach neuesten Erkenntnissen erst in fünf Wochen da sein wird und ordnete eine neuerliche Ultraschall-Untersuchung an. Das gefiel mir überhaupt nicht, ich wollte mein Kind jetzt haben. Ich wußte, daß es der richtige Zeitpunkt war. Aber ich wurde nicht gefragt, und ich traute mich auch kaum, etwas zu sagen. Nach der Untersuchung behauptete der Arzt, unser Kind befände sich erst in der 32. Woche, und die Geburt müsse unbedingt aufgehalten werden!

Ich wurde in ein Einzelzimmer gebracht und bekam eine Infusion, die die Wehen stoppen sollte. Gleichzeitig war ich Tag und Nacht an einen Apparat «angeschlossen», der die Wehen aufzeichnete. Der Schlauch, der in meine Armvene führte, war nicht sehr lang, ich konnte mich kaum bewegen, und durch diese einseitige Belastung bekam ich fürchterliche Kreuzschmerzen, die ich nicht mehr von den Wehen unterscheiden konnte. Und während alldem lag ich noch ständig im Nassen, weil ja das Fruchtwasser ungehindert abfließen konnte. Viel später habe ich dann irgendwo gelesen, daß bei einem Blasensprung die Geburt sofort eingeleitet werden muß, da sonst die Gefahr des Aufsteigens von Infektionserregern zum Kind zu groß ist!

In diesem Zimmer kam ich mir vor wie eine Schwerkranke auf der Intensivstation! Die Hebammenschülerinnen unterhielten sich viel und angeregt, aber mit mir sprach kaum jemand ein Wort. Ab und zu erschienen Martin, meine Eltern und die Schwiegereltern und sprachen mir Trost zu. Die Krankenschwester meinte, das Kind müsse noch mindestens vierzehn Tage im Mutterleib bleiben, und ich dachte, wie soll ich das durchhalten!

Am 2. 3. 1973 morgens um drei Uhr wurde ich dann in den Kreißsaal gefahren, die Geburt ließ sich nicht mehr aufhalten. Dann ging alles sehr schnell: als ich vor Schmerzen heulte, bekam ich eine örtliche Betäubung, und dann wurde mir ganz schnell ein schreiendes Bündel vors Gesicht gehalten – mein Kind lebte! Vor lauter Freude darüber vergaß ich ganz zu fragen, ob es ein Junge oder ein Mädchen ist. Die Schwester sagte mir dann, daß Frank doch schon mindestens 35 Wochen alt ist und daß er gute Chancen hat. Er war allerdings sehr schwach, er wog 2180 g und war 46 cm lang. Er wurde sofort in die danebenliegende Kinderklinik gebracht, auf die Frühgeborenenstation. Als ich erschöpft auf mein Zimmer gefahren wurde, sah ich verschwommen, wie mir die Schwester ein Medikament entgegenhielt: Zum Abstillen – sagte sie in einem Ton, der keine Widerrede zuließ, und ich gehorchte brav. Zwei Tage später bekam ich einen so starken Milcheinschuß, daß meine Brust ganz hart war und ich fürchterliche Schmerzen hatte! Als ich die Ärzte während der Visite fragte, warum mir in einem derartigen Zustand dieses Medikament ohne mein Einverständnis aufgedrängt worden war, reagierten sie mit Ausreden und schoben die Verantwortung von sich. Ich wußte zwar, wie die Schwester ausgesehen hatte, aber ich wußte nicht ihren Namen. Einer Mutter eines ebenfalls Frühgeborenen hatte man erlaubt, daß die Milch abgepumpt und einmal täglich in die Kinderklinik gebracht wurde. Mir wurde gesagt, daß man jetzt mit dem Abpumpen nicht mehr anfangen könne. Ich durfte eine Woche lang kaum was trinken, im Zimmer war eine fürchterlich trockene Heizungsluft – es war eine Qual.

Woher kommt diese verbreitete Stillfeindlichkeit in den Krankenhäusern? Kann man es nicht als System bezeichnen, wenn Müttern erst zwei Tage nach der Geburt erlaubt wird, ihr Kind anzulegen, und die Kinder zwischenzeitlich schon mit Tee aus dem viel bequemeren Fläschchen gefüttert worden sind? Wenn Müttern bei Anfangsschwierigkeiten kategorisch gesagt wird, sie würden es sowieso nicht schaffen? Wer ist verantwortlich für die Massenabfertigung in den Kliniken, deren Begünstigungsfaktor das Fläschchengeben ist? Die Stillfeindlichkeit ist nichts anderes als Menschen- und Frauenfeindlichkeit, von Männern, das heißt Krankenhausärzten, Verwaltungsbeamten und Industrie diktiert, von Frauen, das heißt Hebammen und Krankenschwestern ausgeführt. Warum wehren wir Mütter uns nicht dagegen? Mütter wissen meist sehr genau, was gut für ihr Kind ist; die anerzogenen sogenannten «weiblichen Eigenschaften» machen sie aber oft unfähig durchzusetzen, daß auch danach gehandelt wird. Dabei sollte jeder Frau klargeworden sein, wie gefährlich diese Passivität für sie und das Kind werden kann!

Vor einem halben Jahr habe ich eine junge Mutter mit ihrer vierjährigen Tochter kennengelernt. Die Kleine kam in einer Universitäts-Klinik zur Welt, als die Mutter achtzehn war! Trotz äußerster Widerstände hat es diese Mutter durchgesetzt, daß die Tochter bei ihr im Zimmer blieb, so konnte die Mutter sie stillen, wann es nötig war. Nach fünf Tagen wurden Mutter samt Tochter quasi «heimgeschickt», da man Angst hatte, die «klinische Ordnung» würde zu sehr gestört. Sie hat die Kleine dann noch ein Vierteljahr voll gestillt, sie war nie ernstlich krank und hat sich prächtig entwickelt!

Unsere Geburtskliniken, vor allem die großen, sind zwar technisch auf dem neuesten Stand, aber in punkto Menschlichkeit sind sie ein Skandal! Da wundern wir uns, wenn wir eine derart hohe Säuglingssterblichkeit haben. Eine Besserung ist erst zu erwarten, wenn mehr Frauen sich stärker wehren. Gerade selbstsichere, selbständige, wenig ängstliche Frauen sollten Kinder bekommen. Leider sind die gesellschaftlichen Bedingungen heute wie ehedem so, daß die unsichere, unselbständige und passive Frau sich eher zu einem Kind entschließen wird, einem Kind als Ersatz für die fehlende Selbstannahme, um die vorhandene innere Leere zu überdecken. Daß sie damit ihrem Kind nur Schaden zufügt, wird sie nie einsehen.

Mütter haben in einer patriarchalisch strukturierten Gesellschaft kein Recht auf Selbstverwirklichung, sie werden gezwungen, «nur durch das Kind zu leben», ihren Lebenssinn nur im Kind zu sehen. Jeder Mensch, ob Mann oder Frau, braucht aber, um zufrieden zu sein, einen oder mehrere Bereiche, in denen «er selbst sein kann». Ein Kind ist eine eigenständige Persönlichkeit, die früher oder später selbständig wird. Wenn man es als Ersatz für die eigene Selbstverwirklichung betrachtet, mißbraucht man es, zwingt es in eine Rolle, die es nicht, ohne Schaden an seiner Seele zu nehmen, «spielen» kann. Das Erschütternde ist, daß gerade diejenigen Mütter, die ausschließlich für ihr Kind leben, von gewissen Wissenschaftlern und Publizisten als die besten Mütter gepriesen werden. Den übrigen, die es wagen, auch mal an sich selbst zu denken, werden Schuldgefühle eingeimpft, die sich weit verheerender auswirken als zeitlich begrenzte Kontakte mit einer zufriedeneren Mutter.

Mutter-Sein bedeutet in unserer Gesellschaft derart viel Selbstaufgabe, weil Väter und Institutionen es an der nötigen Hilfe fehlen lassen, daß sich eine Mutter schon anstrengen muß, nicht in die Rolle der besitzergreifenden, überfordernden Erzieherin zu fallen.

Zurück zu meinem Klinikaufenthalt. Nach einer Woche rückte mein Vater damit heraus, daß Frank an einer schweren Infektion erkrankt ist! Außerdem hatte er schon drei Tage nach der Geburt eine schwere Gelbsucht durchgemacht, in deren Verlauf ein Blutaustausch vorgenommen werden mußte. Man hatte mir all das aus Rücksicht verschwiegen.

Ich vergaß meine Schmerzen und zitterte nur noch um Frank. Ich mußte ihn sehen, aber das war gar nicht so leicht durchzusetzen. Der Arzt wollte mir zuerst nicht glauben, daß Frank krank ist. Ich fuhr mit meinen Eltern in die Kinderklinik. Frank lag in einem sogenannten «Inkubator», winzig, hilflos, angeschlossen an eine erbarmungslose Technik. Er litt an einer Infektion, die man nicht genau lokalisieren konnte. Beim Gespräch mit dem Arzt brach ich in Tränen aus, er tröstete mich und meinte, er würde bestimmt durchkommen.

Als meine Eltern mich in die Klinik zurückfuhren, sprach mein Vater aus, was wir alle versuchten zu verdrängen: «Und wenn es stirbt, ist es immer noch besser, als wenn du ein Sorgenkind aufziehst . . .» Mir gab es einen Stich ins Herz, und ich dachte, das ist die Strafe dafür, daß ich das Kind zuerst nicht haben wollte!

Ich hielt es nicht mehr aus in der Klinik, meine einzige Zimmernachbarin hatte sich schon längst losgeeist, ich fühlte mich wieder ganz wohl und lief den ganzen Tag die endlosen Gänge auf und ab. Zum zweitenmal wurde diesmal meine Entlassung hinausgeschoben. Die Entbindungsstation war nicht sonderlich belegt, sicher war das der Grund. Ich verließ auf eigene Gefahr die Klinik, ich wollte nur noch weg von diesem unseligen Ort, um mein Kind wenigstens besuchen zu können.

Frank blieb insgesamt acht Wochen in der Kinderklinik, weil er erst zu diesem Zeitpunkt das Normalgewicht eines Neugeborenen hatte. Wir besuchten ihn fast jeden Tag, konnten ihn natürlich nur kurze Zeit hinter der Glasscheibe betrachten.

Als Frank die Infektion überstanden hatte, ging es langsam aufwärts mit ihm. Uns wurde zwar von extremen Trinkschwierigkeiten und einem sehr unruhigen Wesen berichtet, aber die Tatsache, daß er schon früh den Kopf hob und mit großen, neugierigen Knopfaugen seine Umgebung betrachtete, ließ uns hoffen.

Die schlimmen ersten Lebensmonate

Am Tage von Franks Entlassung waren wir die glücklichsten Eltern der Welt! Endlich durften wir das «kleine zappelnde Etwas» in Empfang nehmen. Zwei Tage vorher kam ich jeweils in die Klinik, um mit Frank «Fläschchengeben» zu üben. Ich war schon recht schockiert, als ich ihn zum erstenmal im Arm hielt: er zappelte so aufgeregt und drehte seinen Kopf ständig in alle Himmelsrichtungen, daß es eine Qual war, ihn zu füttern. Ich dachte, irgend etwas stimmt da nicht. Ich konnte mir einen Säugling nicht anders als zufrieden nuckelnd im Arm der Mutter vorstellen. Auch war mir dieses derart konfus reagierende Wesen völlig fremd und unheimlich; was hatte ich in den acht Wochen alles versäumt! Es gibt sie nicht, die vielzitierte «Stimme des Blutes» zwischen Mutter und Kind; Elternliebe entsteht und wächst erst durch den Umgang mit dem Kind. Martin und ich waren in der gleichen Ausgangslage, und da wir zusammen einen Säuglingspflegekurs besucht hatten, konnte er mir am Anfang oft helfen, und ich war dankbar dafür.

Für kurze Zeit mußten wir Frank noch im Haus der Schwiegereltern versorgen, und ich hatte alle Hände voll zu tun. Den ersten Abend mit ihm werde ich nie vergessen: beim Baden machte er sich stocksteif und schrie fürchterlich und ohne Ende. Weder ich noch Martin konnten ihn beruhigen. Auch die Trinkschwierigkeiten waren ausgeprägt, hervorgerufen durch sein extrem unruhiges Wesen. Er schaute mich beim Füttern kaum an, sein Kopf war in ständiger Bewegung. Er weinte viel, meistens wegen Verdauungsstörungen. Trotz alldem waren wir optimistisch und redeten uns ein, das Ganze sei auf die Schockerlebnisse in der Klinik und auf die fehlende feste Bezugsperson dort zurückzuführen. Wir vertrauten darauf, daß sich diese Schwierigkeiten durch geduldigen Umgang unsererseits bessern würden. Einmal, als er wieder seine Verdauungsbeschwerden hatte und sich nicht beruhigen ließ, ich war schon ganz verzweifelt, kam meine Schwiegermutter herauf, tröstete ihn – und Frank war still! Ich fühlte mich gedemütigt, ich war innerlich fürchterlich wütend und schluckte doch alles hinunter. Ich fragte mich, was mache ich nur falsch, warum werde ich nicht mit meinem Kind fertig? Ich gab mir doch alle Mühe! Zu meiner Erleichterung war meine Schwiegermutter ganztags berufstätig, so konnte sie sich nicht allzusehr einmischen.

Endlich bezogen wir unser eigenes Reich. Martin hatte für zwei Wochen Urlaub genommen, und wir hatten in der Zeit viel zu tun. Wir genossen unsere Selbständigkeit, für mich war es eine große Freude, endlich Platz zu haben, zu Hause zu sechst in der Drei-Zimmer-Wohnung, lebten wir doch sehr beengt. Martin half mir viel in der Wohnung und auch mit Frank. Zu Hause hatte er früh lernen müssen, mit anzupacken. Seine Mutter ist von seinem vierten Lebensjahr an immer berufstätig gewesen, und somit war er früh gezwungen, selbständig zu handeln. Die Familie hat es nicht von ungefähr zu einem eigenen Haus gebracht. Sie mußten sehr sparsam leben und die handwerklichen Arbeiten am Haus so weit wie möglich selbst übernehmen.

Martin ist ein sogenanntes «Schlüsselkind», aber diese Tatsache ist sicherlich am wenigsten an seiner Labilität und an seinem fehlenden Selbstvertrauen schuld. Seine Mutter weiß nur eines von ihm zu erzählen: seine extreme Bravheit, seine totale Selbstverleugnung und Anpassung an die Wünsche seiner Eltern. Warum haben ihn seine Eltern derart überfordert? Warum durfte er nie Kind sein, an Stelle eines dressierten Hundes zum Vorzeigen? Warum hat er sich nicht dagegen gewehrt?

Nun – er hat den anderen Weg gewählt. Er hat die Rolle, die ihm aufgezwungen worden ist, so gut wie möglich gespielt. Er ließ ihnen den Triumph, mit seiner Bravheit ihr fehlendes Selbstvertrauen aufzupäppeln, um so wenigstens ein bißchen Anerkennung und Selbstannahme abzubekommen. Eltern geben ihre eigenen Neurosen an die Kinder weiter! Aber nicht über das Erbgut, sondern indem sie tagtäglich das Kind für ihre Zwecke mißbrauchen. Obwohl – oder vielmehr auch gerade weil Martin sich derart bemühte, seinen Eltern gerecht zu werden, kam es zwischen ihm und seinem Vater ständig zum Disput! Dabei ging es oft um lächerliche Kleinigkeiten, die sein Vater als Anlaß benutzte, über ihn herzufallen. Soweit ich mich erinnern kann, hat seine Mutter nie Partei für Martin ergriffen; sie sagte höchstens: Streitet ihr schon wieder?

Als wir einmal, wir waren noch nicht verheiratet, daüber sprachen, sagte Martin: Da hilft nur eines, Mundhalten und so schnell wie möglich weg!

Besonders schlimm war es, wenn es um gemeinsames Handwerken ging. Martins Vater ist Arbeiter und Hobby-Handwerker, er selbst hat eine kaufmännische Ausbildung. Wann immer die beiden zusammen «werkelten», wurde Martin wegen vorhandener oder vermeintlicher Fehler derart angeschrien, daß ihm natürlich erst recht alles mißlang. Wen wundert's, daß er, solange er im Elternhaus war, handwerkliche Ungeschicklichkeit zeigte? Eltern, die ihr Kind «aburteilen», werden immer damit erreichen, daß das Kind so wird, «wie sie es schon immer gesagt haben», sie selbst haben diese Entwicklung herbeigeführt!

Martins Vater ist unter denkbar ungünstigen Bedingungen aufgewachsen, er war unehelich, wurde nach der Heirat seiner Mutter vom Stiefvater nicht adoptiert und dann den ehelichen Kindern gegenüber stark benachteiligt. Sein daraus resultierendes schwaches Selbstvertrauen hat er dann dadurch kompensiert, indem er seinen Sohn abwertete, moralisch überforderte, autoritär beherrschte. Interessant ist, daß Menschen wie Martins Vater von sich selbst sagen, ihre eigene Erziehung hätte ihnen «nicht geschadet»; sie wollten oder konnten sich nie mit ihrer Kindheit auseinandersetzen. Ich habe viel später mal, als ich die Lobeshymnen auf die Bravheit von Martin gründlich satt hatte, seinen Eltern ins Gesicht gesagt: Martin hat immer nur Angst vor euch gehabt – die Reaktionen waren chaotisch.

Wie gesagt, Martin war bei unserer Heirat alles anderes als ein «verwöhntes Muttersöhnchen», und darauf war er stolz, aber irgendwie ahnte ich schon damals, daß unter solchen Bedingungen erzwungene Selbständigkeit nicht sehr echt sein kann. In den ersten beiden Wochen im eigenen Heim hat er mich derart unterstützt, daß es mir schon unheimlich wurde; ich dachte, das wird wohl kaum so weitergehen. Die Erlösung vom Zwang der Elternhäuser und die noch ungewohnte Elternsituation schuf zwischen uns vorübergehend die vollkommene Partnerschaft, schweißte uns zusammen, machte uns glücklich.

Die Schwierigkeiten mit Frank blieben. Wenn ich ihn pflegte, fiel mir immer wieder seine Abwehrhaltung auf, er machte «unkoordinierte Massenbewegungen», man hatte ständig den Eindruck, er sei auf der Flucht vor irgendwelchen Gefahren. Beim Baden war es eine Zeitlang besonders schlimm, er wurde steif wie ein Brett und schrie fürchterlich. Am schlimmsten war das Füttern, er konnte seinen Kopf kaum ruhig halten, ich mußte ständig mit der Flasche «zielen». Er trank viel zu hastig, verschluckte sich oft, das war auch die Ursache für seine ständigen Bauchschmerzen. Ich mußte ihm bis zum fünften Lebensmonat fünfmal am Tag die Flasche geben, weil die Menge, die er pro Mahlzeit zu sich nahm, viel zu gering war. Ich habe damals überhaupt keine Ahnung gehabt, wie einfach ein Säugling normalerweise zu pflegen ist. Wenn ich Mutter oder Schwiegermutter von diesen Schwierigkeiten erzählte, machten sie ungläubige Gesichter, aber einmal war meine Schwiegermutter beim Füttern dabei, und noch heute betont sie, wie leid ich ihr damals getan hätte. Martin und ich waren fest davon überzeugt, daß die Schwierigkeiten von dem langen Klinikaufenthalt kämen. Wir hatten ein unerschütterliches Vertrauen in Franks Zukunft. Ich habe mich von Anfang an so verhalten, daß ich Frank zwar so oft wie möglich zeigte, daß ich ihn gern habe, ich habe aber gleichzeitig versucht, seine Abwehrhaltung zu respektieren, ihn nicht zu zwingen, ich war mir sicher, daß er so am schnellsten Vertrauen zu mir gewinnen würde.

Martin mußte wieder zur Arbeit, und ich war allein mit dem Kind. Erst langsam begriff ich, was überhaupt geschehen war, die vergangenen Ereignisse hatten sich zu sehr überstürzt. Ich saß den ganzen Tag mit Frank allein in der Wohnung, ich versuchte, so gut wie möglich mit Haushalt und Kind fertig zu werden, aber ich wurde zusehends unzufriedener. Auf was hatte ich mich da nur eingelassen! Ich fragte mich, was ich mir eigentlich unter dem großen Glück am eigenen Herd vorgestellt hatte – ich wußte es nicht. Ich war vor lauter Enttäuschung über die plötzliche Ernüchterung und die tägliche Langeweile wie gelähmt. Kontakt hatte ich nur zu einer einzigen Hausfrau im selben Haus, wir haben uns des öfteren unser Herz ausgeschüttet.

Martin hatte alle Hände voll zu tun, im Beruf Fuß zu fassen, immerhin war er zwei Jahre auf der Schule gewesen. Am wenigsten wurde ich damit fertig, daß er plötzlich überhaupt keine Lust mehr dazu hatte auszugehen. Ich beneidete ihn um seinen Beruf; meine ganze Unzufriedenheit steckte ich in die Hoffnung, doch wenigstens ab und zu so wie früher mit ihm ausgehen zu können; ich begann ihn zu beschwatzen und ihm Vorwürfe zu machen. Ich war gefangen in meiner Hilflosigkeit, Unselbständigkeit, Abhängigkeit; nur sehr langsam begann ich zu merken, daß ich Martin mit meinen Vorwürfen immer mehr in seine gesellschaftliche Passivität hineintrieb.

Ich begann zu lesen. Ich interessiere mich für Psychologie und «verschlang» sehr viele Bücher zu diesem Thema, die ich mir in der Stadtbücherei ausgeliehen hatte. Frank blieb weiterhin irgendwo rätselhaft und schwierig. Er konnte stundenlang zufrieden im Bett liegen bleiben, ohne nach mir zu verlangen, ein anderes Mal schrie er stundenlang ohne ersichtlichen Grund, wobei es mir kaum möglich war, ihn zu beruhigen. Da er aber ansonsten gewisse Entwicklungsfortschritte machte, hegten wir überhaupt keinerlei Verdacht auf eine Behinderung. Er konnte mit fünf Monaten Gegenstände fixieren, greifen und ließ sich zum Plappern anregen.

Im Familienkreis war Frank umschwärmter Mittelpunkt. Martin und ich hatten zwar oft das Gefühl, daß Frank irgendwie anders als andere

Kinder ist, aber vielleicht lag es auch an uns? Vielleicht hatten wir uns noch nicht genügend in unsere neue Rolle eingelebt? Im Kreis der Verwandten ließen wir uns von der allgemeinen Begeisterung anstecken, unbewußt hatten wir wohl Angst, es könnte der Verdacht entstehen, wir wären keine guten Eltern. Auch fielen seine Schwierigkeiten in der Besuchssituation kaum auf, Frank schaute von Anfang an mit großen «intelligenten» Augen seine Umgebung an, sein kleiner Kopf ließ seine Augen noch größer erscheinen.

Er lachte viel, er war an allem interessiert, was er zu sehen bekam. Wagten ich und Martin im Verwandtenkreis doch mal einen Vorstoß, von Franks Schwierigkeiten zu erzählen, so wurden wir beschwichtigt, Beispiele von anderen «Spätentwicklern» und «Zappelkindern» wurden gegeben, die dann doch noch «was geworden sind». Wir waren mit unseren Schwierigkeiten allein.

Auch die Ärzte haben uns in dieser «Das-wird-schon-werden»-Haltung bestärkt! Ich glaube kaum, daß sie nicht gewußt haben, wie es um Frank wirklich stand. Wahrscheinlich haben sie angenommen, daß uns und Frank so am besten geholfen ist – ich bin mir da nicht so sicher. Wenn man von Anfang an weiß, daß man bei seinem Kind ganz andere Maßstäbe anwenden muß, daß es einfach anders ist als «normale» Kinder, dann wird man sich seinem Benehmen gegenüber auch toleranter verhalten. Man wird das Verhalten des Kindes nicht so schnell als eigene Unfähigkeit interpretieren, der daraus resultierende Selbsthaß führt nur zu leicht dazu, daß man gegenüber dem Kind aggressiv wird. Wie oft habe ich Frank aus lauter Verzweiflung darüber, daß ich an seinem Zustand schuld sein könnte, angeschrien!

Zurück zum Familienkreis. Meine Mutter sagte voller Stolz, ich sei ja jetzt eine «richtige Mutter». Sie sagte das so anerkennend, daß in mir ein seltsames Gefühl aufkam, das ich damals noch nicht verbalisieren konnte. Ist man erst als «biologische Mutter» eine richtige Frau? Besonders viel fällt mir zu meinem früheren Verhältnis zu meiner Mutter nicht ein. Sie hatte immer sehr viel Arbeit mit uns vieren und auch mit der Wohnung. Sie hat keine Chance gehabt, einen Beruf zu erlernen, und so ging sie jahrelang als Putzfrau arbeiten. Heute hat sie eine Halbtagsstelle, mit der sie zufrieden zu sein scheint.

Ich erinnere mich noch, wie meine Mutter manchmal, wenn sie mit uns Kindern Kummer hatte, uns ins Gesicht schrie, wenn sie uns nicht hätte, könnte sie es viel schöner haben. Wir vier haben oft miteinander gestritten, nicht zuletzt wegen der beengten Wohnverhältnisse. Am meisten habe ich gehaßt, wenn unsere Eltern uns anhielten, nett zu den Leuten zu sein, immer schön zu grüßen, ja nicht aufzufallen. Abgesehen von Gabriele, meiner jüngsten Schwester, waren wir alle drei sehr schüchtern. Ich hatte eine solche Ehrfurcht vor der übermächtigen, klugen und ordentlichen Erwachsenenwelt, daß ich nur noch die Augen sanft errötend niederschlagen konnte. Diese Schüchternheit haben unsere Eltern uns oft vorgeworfen, heute weiß ich, daß sie damit nur ihre eigenen Schwächen bekämpft haben. Diese Diskrepanz zwischen Anspruch und realem Vorleben führt dann dazu, daß man als Kind entweder mit Rückzug (Schüchternheit) oder maßloser Herausforderung reagiert (Trotz).

Im Urlaub fuhren meine Eltern oft mit uns in das Heimatdorf meiner Mutter. Dort tauten sie regelrecht auf, an jeder Straßenecke trafen sie alte Bekannte, die sie herzlich begrüßten, mit denen wir Kinder aber wenig anfangen konnten. «Die sind schüchtern von Beruf», hieß es dann vorwurfsvoll im Beisein dieser Fremden, und unsere Spur von Selbstvertrauen schrumpfte noch mehr in sich zusammen. Haben meine Eltern jemals begriffen, daß sie damit gerade jenen Zustand zementiert haben, der sie so ungeheuer an uns gestört hat? Auf den «Begrüßungszwang» habe ich derart reagiert, daß ich immer wieder auch näher bekannte Nachbarn einfach übersah. Warum können Eltern so selten ihre Kinder annehmen, wie sie sind, der allererste Weg zu einer Verständigung?

Seit ich mich an meinen Vater erinnern kann, hat er immer Schichtdienst gehabt. Er war also oft tagsüber daheim. Wenn er dann vormittags schlafen mußte, hatte meine Mutter alle Hände voll zu tun, damit der Geräuschpegel möglichst niedrig blieb. Krisen blieben da nicht aus!

Wenn mein Vater zu Hause war, pflegte er meistens seine Hobbies, er bastelte viel, vor allem reparierte er elektrische Geräte. Sein Spruch war immer, warum sollte er sich um Haushaltsdinge kümmern, wenn vier Frauen da sind? Trotzdem habe ich mich mit ihm, zumindest bis zur Pubertät, eigentlich besser verstanden: wir waren beide begeisterte Wanderer und Naturfreunde und haben oft lange gemeinsame Märsche unternommen. Während der Pubertät ging ich im Verhältnis zu meinem Vater mehr auf Distanz. Mit fünfzehn habe ich groß verkündet, ich werde Dolmetscherin und heirate frühestens mit fünfundzwanzig! Meine Schüchternheit verstärkte sich während dieser Zeit noch mehr, ich hatte wenig Kontakt zu Gleichaltrigen, deshalb hielt ich mich länger als andere Jugendliche im Schoß der Familie auf. Jungen waren für mich Wesen von einem fremden Stern, bis zu meinem achtzehnten Lebensjahr habe ich sie, abgesehen von ein paar Urlaubsbekanntschaften, nur aus der Ferne angebetet.

Als ich dann mit Martin zusammen war, verbesserte sich das Verhältnis zu meiner Mutter zusehends. Ich sprach gern und viel mit ihr, sie freute sich, daß ich jetzt einen «festen Freund» hatte, brachte aber gleichzeitig ihre Sorge zum Ausdruck, ich könnte zu früh ein Kind bekommen. Ein Vierteljahr, bevor ich schwanger wurde, sagte ich zu Martin, ich nehme jetzt die Pille, und er soll sein Zimmer abschließen. Seine Eltern hatten sich bis zu diesem Zeitpunkt hin und wieder das

Recht genommen, in sein Zimmer «hereinzuplatzen», wenn ich da war. Martins Reaktion auf diese Bemerkung war heftig: Das geht nicht, das erlauben meine Eltern nie! Immerhin war Martin schon einundzwanzig, ich neunzehneinhalb Jahre alt! Da seine Eltern so gut wie nie weg waren, habe ich klein beigegeben, habe mir vorerst kein Verhütungsmittel verschreiben lassen und mich mit Petting auf seinem Zimmer und im Auto, immer die Angst vor Entdeckung im Nacken, zufriedengegeben. Bei meinen Schwiegereltern ist das Thema Sexualität noch viel mehr tabuisiert als bei meinen Eltern. Symptomatisch ist, daß mein Schwiegervater sich fürchterlich über «öffentliche Knutschereien» aufregen kann, während er gleichzeitig zugibt, daß er sich für die Ermordung eines Mörders freiwillig zur Verfügung stellen würde.

Irgendwann im Sommer 1972 waren dann «die Moralwächter» für einen Tag verreist . . .

Juli 1973. Bei einer ärztlichen Untersuchung gibt Franks Spitzfußstellung Anlaß zum Verdacht auf Störung der motorischen Entwicklung. Deshalb werden wir an das Zentrum für bewegungsgestörte Kinder verwiesen, das Frank fortan mehrere Jahre betreut. Ich kann all diese Arztbesuche nur deshalb bewerkstelligen, weil Martin mit dem Bus in den Betrieb fährt, so habe ich den Wagen immer zur Verfügung.

Ein Arztbesuch reiht sich an den anderen, zum Augenarzt wegen des Schielens, zum Chirurgen wegen eines Hodenbruchs. Auch im Spastikerzentrum fällt Franks überdurchschnittlich kleiner Kopf auf, deshalb rät man uns, ihn in der Kinderklinik stationär untersuchen zu lassen.

Schweren Herzens liefere ich Frank wieder ab, der Arzt sagt mir gleich nach der Einweisung, er habe schon ein ganz schönes Theater gemacht . . . Es werden Untersuchungen angekündigt, zum Teil nicht ohne Risiko, aber bei der Ankündigung bleibt es. Der Aufenthalt wird statt der versprochenen zwei Wochen auf vier Wochen ausgedehnt. An den Wochenenden beobachten wir ihn hinter der Glasscheibe, Frank lacht entwaffnend wie immer, aber er erkennt uns nicht. Wir waren sehr schockiert, daß wir ihn hier auch nur hinter der Glasscheibe beobachten durften. Er litt an keiner infektiösen Erkrankung, kaum anzunehmen, daß Kinder mit ansteckenden Krankheiten im Zimmer waren. Die wenigen übrigen Kinder waren allesamt viel älter als Frank, das Eingesperrtsein in den kahlen Betten war für sie noch viel quälender als für ihn. Warum habe ich nicht gefragt, kritisiert? Ich hatte zwar versucht durchzusetzen, daß ich ein Zimmer in der Klinik bekomme, habe aber beim ersten Widerstand klein beigegeben. Auch hier mußte ich deutlicher werden, damit Frank endlich entlassen wird. Wir nahmen uns vor, ihn nicht mehr so schnell aus der Hand zu geben. Martin meinte noch: Die haben ja gesehen, wie aufgeweckt Frank ist, deshalb bedurfte es keiner Untersuchung mehr.

Während Frank in der Klinik war, habe ich wieder ein paar Tage an meinem alten Arbeitsplatz gearbeitet. Das technische Interesse habe ich von meinem Vater, der mir viel erklärt hat. Auch spielte bei meiner Berufswahl ein bißchen Aufbegehren gegen die Frauenrolle mit: schon damals hatte ich etwas gegen die ach so weiblichen Büroberufe. Mein Vater freute sich zwar einerseits über meine technischen Interessen, versuchte aber andererseits, mir einen Job als Anfangskontoristin mit gutem Gehalt schmackhaft zu machen, denn schließlich würde ich ja doch bald heiraten . . .

Als ich Frank diesmal von der Klinik abholte, hatte ich Angst. Wie würde er reagieren, würde er uns überhaupt noch kennen? Als ich aus dem dunklen Gemäuer heraustrat, warf ich ihn hoch und sprach mit ihm – er quietschte vor Vergnügen, und das Eis zwischen uns war gebrochen.

1. Klinikaufenthalt keine Erkenntnis oder Wahrheit

Bezug zu Frank endlich hergestellt

2 Zeit der Ratlosigkeit

In diesem Winter habe ich einen ersten zaghaften Versuch unternommen, aus meiner Isolierung herauszukommen. Ich besuchte an der Mütterschule einen Kurs für Mütter von Kleinkindern. Ich war sehr verunsichert bei diesen Gesprächsabenden und sagte kaum etwas; alles, was diese Mütter von ihren Kindern erzählten, paßte irgendwie nicht auf Frank. Er gab sich nach wie vor damit zufrieden, alles in den Mund zu stecken, ich mußte mich wohl oder übel damit auseinandersetzen, daß er ein in diesem Alter selbstverständliches Stadium nicht erreicht hat. Ich habe nicht den Mut gehabt, über Franks Verhalten zu sprechen, wohl auch aus Angst, das Ganze könnte wieder mal als Schwäche meinerseits interpretiert werden. Ich blieb allein und auf mich selbst zurückgeworfen, der «Geist des Mutterstolzes» tat ein übriges, mich enttäuscht zurückzuziehen.

Der Betriebsausflug

Bei Martin im Betrieb war ein Ausflug geplant. Ich fragte kläglich an, ob ich nicht mitgehen könne, aber wer sollte dann auf das Kind aufpassen? Martin hatte nicht den Mut, seine Mutter zu fragen, ich daraufhin schon gar nicht. Als wir in ihrer Gegenwart von dem Ausflug sprachen, meinte sie nur, dann könne ich ja nachmittags bei ihr Kaffee trinken. Ich war enttäuscht und verzweifelt: die ganze Woche war ich mit Frank allein, und dann auch noch am Samstag! Martin versprach mir, um 21 Uhr zurück zu sein, und ich konnte sehen, wie ich heil über den Tag komme. Als er dann weit nach 24 Uhr endlich eintraf, bekam ich fürchterliche Weinkrämpfe. Das ganze Jahr über hatte ich vergebens gekämpft, daß er einmal mit mir ausgeht, und dieses eine Mal, wo die Kollegen loszogen, da mußte er unbedingt dabeisein und mich allein lassen! Ich warf ihm vor, mich nicht mehr zu lieben. Je mehr ich mich in mein Unglück hineinsteigerte, desto kälter und gefühlloser reagierte er – ich hatte ihn noch nie so erlebt! Dann sagte er: «Du bist ja hysterisch» – und mir wurde schlagartig meine jämmerliche Situation bewußt. Mir wurde bewußt, wie erbärmlich ich mich seelisch von ihm abhängig gemacht hatte; war er nicht in der Lage oder willens, auf meine Bedürfnisse einzugehen, dann brach für mich alles zusammen, ein Sturz ins Bodenlose . . .

Ich erkannte auch, daß seine Reaktion mit einer gewissen Lust am

Quälen einherging, je mehr ich mich in mein Leiden «hineinbiß», desto verächtlicher, gehässiger und spöttischer verhielt er sich. In jener Nacht habe ich mir vorgenommen, mich innerlich so weit von ihm zu lösen, daß er mich nicht mehr derart quälen kann. Ich mußte es irgendwie schaffen, meine Isolation zu überwinden, Kontakte zu bekommen. Ich spürte auch unbewußt, daß Martins quälendes Verhalten die Rache dafür war, daß ich schon so lange versucht hatte, ihn zu manipulieren, ihn zu zwingen, meine Bedürfnisse nach außerhäuslichen Kontakten zu befriedigen, genauso wie meine Nörgeleien durch ein Rachebedürfnis meinerseits gespeist wurden, Rachebedürfnis dafür, daß er meine Wünsche derart stur mißachtete.

Es gab nur einen Weg aus diesem Teufelskreis: Ich mußte mir ein eigenes Leben aufbauen, ich mußte mir Freunde suchen, Interessen – ich mußte einfach dafür sorgen, daß ich selbst seelisch so weit im Gleichgewicht bin, daß es mir nichts mehr ausmacht, wenn er sich so und so verhält, wenn er andere Bedürfnisse hat als ich. All diese Gedanken sind mir in jener Nacht durch den Kopf gegangen, während Martin schon längst sich demonstrativ von mir abgewandt hatte und eingeschlafen war.

Die schmerzliche Erkenntnis

Ich fuhr zweimal in der Woche mit Frank zur Krankengymnastin. Dort sah ich Kinder mit allen möglichen Behinderungen; ab und zu kam ich mit den Müttern zaghaft und unverbindlich ins Gespräch. Ich war immer wieder dankbar, daß es bei dieser Gymnastik ja «nur» um die Vorbeugung bzw. Milderung einer leichten Gehbehinderung ging. Ich hatte das Gefühl, Frank gehöre überhaupt nicht dahin. Oft mußte ich in mich hineinlächeln, wenn ich Parallelen zu meiner eigenen Kindheit zog: Klein und mager wie ich war, wurden meine geistigen Fähigkeiten von meiner Umgebung immer unterschätzt. Als Zwölfjährige wurde ich von der weiblichen Kriminalpolizei nachmittags auf dem Volksfest aufgegriffen. Mit Mühe und Not konnte ich sie davon überzeugen, daß ich sehr wohl den Weg nach Hause allein finde!

Frank wurde von einem Kinderarzt betreut, dessen Praxis näher lag als die Kinderklinik. Bei diesem Arzt fühlte ich mich sehr unwohl, er behandelte Frank grob und gefühllos, und ich hatte auch noch ein schlechtes Gewissen, wenn Frank sich demzufolge noch mehr versteifte, gegen jede Berührung wehrte und fürchterlich schrie. Schlimm war, daß Frank während dieser Zeit ständig an Verstopfung litt, er hatte fünf Tage und länger keinen Stuhlgang. Es mußten Einläufe gemacht werden, das heißt, ein halber Liter Wasser wird in den Darm geleitet, was für Frank verständlicherweise eine ungeheure Tortur war. Frank war jetzt eineinhalb Jahre alt. Er war immer noch nicht in der Lage, allein und frei zu gehen. Er konnte schon seit seinem neunten Lebensmonat ein paar «Babywörter» sprechen, aber er zeigte keinerlei Interesse zum Nachsprechen. Er steckte alles in den Mund, leckte alles ab, aß nur Gläschennahrung. Mit einem Jahr hatte ich versucht, ihn auf normale Mischkost umzustellen: er nahm eine Woche lang nur zwei Gläser Milch pro Tag zu sich – ich mußte aufgeben! Wir hatten das Gefühl, daß Frank überhaupt keine richtige Beziehung zu seinen körperlichen Bedürfnissen hat. Das gleiche war mir bei ihm schon im Alter von drei Monaten aufgefallen: Schon damals hatte er den ganzen Tag gehungert, um dem notwendigen Karottenbrei zu entgehen, als er dann offensichtlich vor Hunger Bauchschmerzen hatte, weigerte er sich immer noch; der Zusammenhang war ihm nicht bewußt. Uns fiel auch auf, daß er sich bei freudiger Erregung seltsam zwanghaft gegen den Mund schlug. Meine darauffolgende schriftliche Anfrage bei einer großen Elternzeitschrift wurde von der Ärztin folgendermaßen beantwortet: «Wenn Ihr kleiner Sohn ein Risikokind ist, ist er ja bestimmt in regelmäßiger ärztlicher Betreuung. Dann können Sie auch völlig unbesorgt sein, wenn er sich bei Freude mit der Hand gegen den Mund schlägt. Jedes Kind hat Eigenarten, und man sollte das immer tolerieren. Sie tun Ihrem Kind also das Beste, wenn Sie das Verhalten überhaupt nicht mehr beachten und ansprechen.»

Die Reihe läßt sich beliebig fortsetzen: Wenn man Frank auf den Arm nahm, schmiegte er sich nie an die Bezugsperon heran, sondern verharrte in einer seltsam, steifen, starren Haltung. Er hatte überhaupt keinen Blickkontakt, eigentlich auch gar keine echte Beziehung zu mir, so sehr ich mich darum bemühte. Sicher, er freute sich über Zuwendung, aber er war nicht fähig, auch nur der allerprimitivsten Handlung – zum Beispiel ein Klötzchen in den Kipper legen – mit den Augen zu folgen; er war schon gar nicht fähig, eine derartige Handlung nachzuahmen. Er sabotierte solche Versuche derart, daß ich mich enttäuscht zurückzog. Heute weiß ich, daß all diese Anzeichen unverkennbar waren, wertvolle Zeit ist durch die «Hinhaltetaktik» der Ärzte verlorengegangen!

So war es denn auch die Krankengymnastin, die mir die Wahrheit sagte. Sie machte Andeutungen wie: «Manche Kinder bleiben in ihrer Entwicklung total stehen . . .» – bis ich endlich begriff. Mir klingt es heute noch in den Ohren, wie ich sagte: «Es ist eben schwer, sich damit abzufinden . . .» – worauf sie antwortete: «Damit findet man sich nie ab, das brauchen Sie schon gar nicht zu probieren.» Eigentlich war ich ihr beinahe ein bißchen böse, daß auch sie mich doch eine gewisse Zeit im ungewissen gelassen hatte. Im Gespräch mit ihr darüber erfuhr ich dann, daß sie schon schlimme Angriffe von Müttern erlebt hat, die eine derartige Offenbarung nicht verkraften konnten. Ich habe sie deshalb noch relativ gut verkraftet, weil ich schon angefangen hatte, mich

Warum sagen Ärzte nicht die Wahrheit

auf eigene Beine zu stellen, das heißt, ich hatte begonnen, mich für Politik zu interessieren, ich schrieb oft Leserbriefe an die lokale Tageszeitung, die zu meiner Freude fast alle veröffentlicht wurden; das gab mir doch ein bißchen Auftrieb in der Zeit dieser schmerzlichen Erkenntnis.

Wie verträgt man die Wahrheit?

Hätte ich die Wahrheit weniger gut verkraftet, wenn ich schon viel früher auf eine eventuelle Behinderung hingewiesen worden wäre? Im Moment vielleicht schon, aber ich bin trotzdem dafür, daß man den Eltern so früh wie möglich den Verdacht einer Behinderung mitteilt. Es ist einfach unverantwortlich, Eltern jahrelang in Ungewißheit und daraus resultierender Verzweiflung an sich selbst zu lassen. Diese vergeudete Kraft sollte lieber dem Kind zugute kommen. Die Wahrheit mag im Moment härter und brutaler erscheinen, aber man hat viel Zeit gewonnen, sich auf ein Leben mit einem behinderten Kind einzurichten, zu einer positiven Konfliktbewältigung zu kommen.

Es ist empörend, wie das Thema Behinderung, vor allem geistige Behinderung, in unserer Gesellschaft tabuisiert ist. Nicht nur, weil es «jeden treffen kann», sondern weil wir anscheinend nicht fähig sind, uns damit auseinanderzusetzen, daß wir alle nicht vollkommen sind! Unsere fehlende Selbstannahme, unsere Angst, selbst irgendwo «psychisch krank», «asozial», «nicht ganz richtig im Kopf» zu sein, bringt uns dazu, diese Randgruppen ins Abseits zu schieben. Geistig Behinderte stehen deshalb auf der «alleruntersten Stufe», weil in einer «Akademikergesellschaft» geistige Betätigung gegenüber der körperlichen ungleich höher bewertet wird. Bei einem Vortrag der «Lebenshilfe», einem Zusammenschluß von Eltern und Freunden geistig Behinderter, habe ich gefragt, ob Kinderärzte während ihres Studiums etwas über Behinderungen lernen. Die Antwort: So gut wie nichts! Vereinzelt gibt es zwar an den Hochschulen Vorlesungen zu dem Thema, aber sie sind nur freiwillig und demzufolge spärlich besucht. Das Thema Frühförderung ist in letzter Zeit – erfreulicherweise – stark in den Mittelpunkt gerückt. Diese Chance wird aber jämmerlich vertan, wenn die Kinderärzte nicht den Mut haben, den Eltern – schonend – die Wahrheit zu sagen. Selbst die «Lebenshilfe» schreibt in ihrer Vierteljahrsschrift vom Dezember 1978: «Sprechen die Erstberater, solange das Ausmaß einer Behinderung nicht mit Sicherheit festzustellen ist, vorsichtshalber von Entwicklungsverzögerung, so besteht die Gefahr, daß man bei den Eltern unrealistische Hoffnungen in bezug auf eine Gesundung des Kindes weckt, das Problembewußtsein für die notwendigen pädagogischen und therapeutischen Maßnahmen also nicht genügend schärft. Konfrontiert man die Eltern dagegen hart mit der Aussage ‹Ihr Kind ist behindert›, so kann eine gute, akzeptierende Einstellung zum Kind blockiert werden; die Eltern tun entweder des Guten zuviel oder zuwenig.»

Ich meine, die Aussage, «es könnte sein, daß eine Behinderung zurückbleibt», ist nicht zu hart, vor allem, wenn gleichzeitig psychologische Hilfe gegeben wird. Wie groß die Freude von Eltern ist, die sich auf eine Behinderung eingestellt haben, während nur eine leichtgradige Lernstörung zurückbleibt, kann sich jeder vorstellen! Manchmal habe ich Mütter von mongoloiden Kindern beinahe ein bißchen «beneidet». Mongoloismus ist eine der wenigen geistigen Behinderungen, die bei der Geburt, ja sogar schon vorher einwandfrei erkannt werden können. Im Gespräch mit Müttern solcher Kinder erfuhr ich zwar, daß auch hier die Ärzte die Wahrheit verschleppt haben, aber spätestens nach ein paar Wochen war sie dann doch bei der Mutter «angekommen». So konnten sie in Ruhe die geeignete Sonderschule, Fachärzte, gleichbetroffene Eltern usw. suchen.

Die Zurückhaltung der Ärzte bei diesem Thema ist wohl auch darauf zurückzuführen, daß Mediziner eine zu mechanistische Auffassung von Krankheiten überhaupt haben. Erst in neuerer Zeit werden die Zusammenhänge zwischen «kranker Psyche» und «krankem Körper» auf breiterer Ebene diskutiert. (Geistige) Behinderung ist aus medizinischer Sicht «unheilbar», folglich erinnert sie den Arzt an die Grenzen seiner Fähigkeiten, an die Tatsache, daß auch er nicht alles kann. Weil er das auf Grund seiner psychischen Struktur nicht verkraftet, distanziert er sich davon, will er nichts damit zu tun haben, beläßt er die Eltern in Ungewißheit. Hier schließt sich wieder der Kreis zum Thema «medizinische Ausbildung», die psychische Ursache von Krankheiten, die (erfolgreiche) Möglichkeit pädagogischer Therapiemaßnahmen bei Behinderten existiert dort überhaupt nicht. Überlegenswert wäre auch, das Thema Behinderungen im Schulunterricht zu besprechen, zum Beispiel im Rahmen einer sogenannten «Erziehungslehre», wie sie der Kinderschutzbund schon lange fordert.

Frank hat Tobsuchtsanfälle

Im Spätherbst bekam Frank eine Grippe. In der ersten Nacht geschah folgendes: Frank weinte fürchterlich, offensichtlich hatte er Gliederschmerzen, er war nicht zu beruhigen. Er warf sich im Bett hin und her, und plötzlich fing er an, mit dem Kopf gegen die Bettkante zu schlagen! Je mehr wir versuchten, ihn zu beruhigen, desto mehr steigerte er sich hinein. Man hatte das Gefühl, daß die Schmerzen ihn immer rasender machten. In unserer Verzweiflung konnten wir nur eines tun: Wir umrandeten sein Bett mit mehreren Polstern. Sehr spät ist er dann erschöpft eingeschlafen.

Am nächsten Morgen brachte ich ihn dann zur Schwiegermutter, die zufällig dienstfrei hatte. Ich lief zum Telefon und rief verzweifelt den Kinderarzt an. Seine Antwort jagte mir kalte Schauer über den Rücken: «Früher hat man geglaubt, solche Kinder seien vom Teufel besessen – wenn es nicht besser wird, muß er eben in die Nervenheilanstalt!» Irgendwie bin ich dann schluchzend bei der Schwiegermutter angekommen . . . Die Grippe war schnell auskuriert, aber die Autoaggressionen blieben. Wann immer Frank irgendwelche Unlustgefühle verspürte, etwas Unmögliches durchsetzen wollte, sofort begann er, mit dem Kopf gegen Möbel oder auf den Boden einzuschlagen. Die Bilder aus jener Zeit zeigen es deutlich: Ständig hatte er eine geschwollene, bläulich verfärbte Stirn! In der ersten Zeit waren wir völlig ratlos und verzweifelt, nie hätte ich gedacht, daß ein Kind zu Derartigem fähig ist! Frank lernte sehr schnell, daß ich vor seinen Autoaggressionen Angst hatte, daß ich nicht wußte, wie ich damit fertig werden sollte. Unbewußt war mir schon klar, daß ich diese Manipulationsversuche nur unterbinden konnte, wenn ich sie nicht mehr beachten würde. Ich versuchte das auch, aber dann setzte Frank seine ganze Energie daran, mich doch noch «aus der Reserve zu locken»; er schlug jetzt gezielt mit den Fingerknochen gegen die Stirn, gegen die Nase, bis er Nasenbluten hatte! Jeder wird mir wohl nachfühlen können, daß ich dann durchgedreht habe, ich brüllte ihm ins Gesicht, er soll sich doch umbringen, ich schlug ihn auf den Po – ja, ich war so verzweifelt, daß ich mich zusammennehmen mußte, nicht blindlings auf ihn einzuhauen. Ich spürte auch, daß ich um so stärker «explodierte», je länger ich mich vorher zusammengenommen hatte, nach dem Motto: jetzt habe ich mich so lange beherrscht, und es hat nichts genützt, jetzt ist sowieso alles egal . . . Schlimm war auch, daß Frank stark sadomasochistisch reagierte, das heißt, er quälte sich selbst und mich: wenn ich ihn dann vor lauter Verzweiflung schlug, weinte er nicht. Er blieb still, er zuckte gerade noch mit der Wimper. Er ist schon immer in punkto Schmerz nicht sehr empfindlich gewesen. Ich spürte, daß ich am Ende meiner Kräfte war, daß irgend etwas geschehen mußte.

Ich rief bei einer konfessionellen Erziehungsberatungsstelle in Stuttgart an – zwei Monate Wartezeit! Ich wurde an die örtliche Erziehungsberatung verwiesen, dort bekam ich dann relativ schnell einen Termin. Die Beraterin war erstaunt und schockiert über das geschilderte Verhalten, auch ihr war derartiges nicht bekannt. Ich spürte, daß sie mit dem Fall überfordert war. Auch sie versuchte, mir schonend beizubringen, daß die Einweisung in eine Nervenklinik wohl das beste wäre. Ich war erschüttert. Sicher, auch wir merkten, daß diese schwere Verhaltensstörung Folge der Hirnschädigung war, man merkte es zum Beispiel auch daran, daß Frank auch bei übergroßer freudiger Erregung hin und wieder «versehentlich» gegen seinen Kopf schlug. Aber mußte sie deshalb «therapieresistent», unangreifbar für immer sein?

Ich meldete mich bei der nächsten Erziehungsberatungsstelle an. Auch hier hatte man wenig Erfahrung mit solchen Verhaltensweisen, der Psychologe bestärkte mich darin, flexibel zu reagieren. Zumindest wurde dort unser Wunsch anerkannt, Frank zu Hause behalten zu wollen. Der Psychologe schlug vor, daß Martin zur nächsten Beratung mitkommt. Das führte dazu, daß noch mal alles erzählt wurde, was ich schon erzählt hatte; ich fühlte mich irgendwie übergangen und hatte das Gefühl, daß uns das auch nicht weiterbringen würde. Der Berater schlug noch vor, ob wir nicht ein zweites Kind bekommen wollten. Diesen Vorschlag bekamen wir des öfteren zu hören, und wir waren nie so recht glücklich darüber. Wie konnte jemand behaupten, daß Frank damit automatisch geholfen ist? Woher sollte ich die Kraft nehmen, mit einem derartigen Problemkind ein weiteres angemessen zu erziehen? Wie würde sich Franks Eifersucht auswirken? Würde dieses Kind wirklich gesund sein? Alles Fragen, die uns niemand beantworten konnte. Vielleicht meinten die Ratgeber, daß ein zweites Kind sowieso zeitlich nicht zu verkraften wäre, der Heimaufenthalt dann also zwingend notwendig wäre und somit der Familie am besten geholfen ist?!

Suche nach den Ursachen

Nachdem wir jetzt von der geistigen Behinderung unseres Kindes erfahren hatten, wollten wir uns näher mit den Ursachen beschäftigen. Sicher, eine schwere Gelbsucht, eine Infektion, der Verdacht einer vorgeburtlichen Hirnschädigung. Aber woher kam zum Beispiel die Gelbsucht? Im Spastikerzentrum erfuhr ich, daß es eine A-o-Komplikation war, das heißt, Frank hat die Blutgruppe A, von seinem Vater geerbt, ich habe die Blutgruppe o. Wir sind alle drei Rhesus-positiv. Nach Aussage der Ärztin kommt es bei dieser Konstellation immer wieder mal vor, daß das mütterliche Blut sogenannte Antikörper bildet, die das kindliche Blut schädigen, so daß sofort ein Blutaustausch gemacht werden muß. Nach der Blutgruppe des Vaters wird ja bei den Vorsorgeuntersuchungen nicht gefragt, außer wenn die Mutter Rhesus-negativ ist.

Als ich Frank in der Sonderschule anmeldete, meinte ein Lehrer, die drohende Gelbsucht hätte mit Hilfe eines einfachen Tests erkannt werden können, ein vorsorglicher Blutaustausch hätte verhindert, daß durch die sich zersetzenden Blutkörperchen das Gehirn geschädigt wird. Auch die Krankengymnastin bestätigte mir das. Ich nahm all meinen Mut zusammen und fragte den Kinderarzt, der Frank auch diesmal hastig abfertigen wollte. Er geriet ganz aus der Fassung und stritt es rundweg ab! Später haben mir diese Tatsache drei Professoren schriftlich bestätigt! Und da ich endlich mal mit dem Kinderarzt ins Gespräch gekommen war, fragte ich ihn auch gleich, ob es möglich wäre, daß die mehrwöchige Pilleneinnahme während der Frühschwangerschaft zu der vorgeburtlichen Hirnschädigung geführt hat. Er betonte zynisch, «Tro-Pis» (trotz Pille) gäbe es viele, die seien alle kerngesund, in seiner Familie wäre auch eines. Er murmelte noch ein paar unverständliche «Trostworte» und gab mir zum Abschied ein Merkblatt über gesetzliche Hilfen für behinderte Kinder.

Im Spastikerzentrum war immer Franks Kopfumfang gemessen worden. Als er ungefähr ein halbes Jahr alt war, meinte der untersuchende Arzt, es gäbe große und kleine Köpfe, das könne sich schließlich niemand aussuchen. Als Frank vier Jahre alt war, bekam ich – endlich – durch Zufall eine Zeichnung in die Hände, die den Verlauf des normalen Kopfwachstums, einschließlich Über- und Untergrenze, aufzeigte. Da ich inzwischen ein paar Kopien ärztlicher Atteste besaß, begann ich zu vergleichen. Bei der Geburt war der Abstand zur Mindestnormalgröße noch relativ klein: ein bis zwei Zentimeter. Als Frank fünf Monate alt war, betrug der Abstand schon sechs (!) Zentimeter. Diese sechs Zentimeter fehlen ihm auch heute noch. Man kann also ohne Übertreibung sagen, daß in diesem frühen Säuglingsalter «das Schicksal besiegelt war». Es ist ungeheuerlich, wie stark der Kopf eines Neugeborenen besonders in den ersten Lebensmonaten wächst, eine derart eklatante Wachstumslücke in dieser Phase ist nicht mehr auszugleichen . . .

«Ausbruchversuche»

Frank hatte erst mit zweieinhalb Jahren laufen gelernt. Noch lange darüber hinaus mußte ich ihn im Sportwagen schieben, weil er einfach keine Ausdauer hatte, unsicher lief und obendrein noch einen ungeheuren Dickkopf hatte. So beschränkte ich Ausgänge mit ihm auf das notwendige Einkaufen, womit meine Isolierung noch verstärkt wurde. Da Frank auch noch nicht im Kindergarten war, versuchte ich durch «Zeitschriften-Aktionen» Mütter gleichaltriger Kinder kennenzulernen. Es kam auch zu mehreren brieflichen Kontakten, wobei dann Treffs vereinbart wurden. Auch hier war die Lücke zwischen dem Verhalten von Frank und dem der anderen Kinder deutlich sichtbar und fühlbar. Warum das zu einer Kluft zwischen mir und den Müttern geführt hat, konnte ich nur erahnen: Ich hatte meine Interessen inzwischen erweitert, ich las sehr viel, ich hatte Erfolg mit meinen Leserbriefen. Insgeheim beneidete ich die anderen Mütter, deren Kinder gute Fortschritte gemacht hatten, hübsch anzusehen waren, die man ganz einfach «vorzeigen» konnte! Gleichzeitig wehrte ich mich gegen dieses Vorzeigen nicht nur, weil Frank nicht sehr geeignet dafür war, sondern weil ich es innerlich ablehnte. Die Mütter waren sehr gepflegt, hatten schöne Wohnungen, aber die Gespräche gingen nicht über Kind und Haushalt hinaus. Als ich eine Mutter fragte, was sie vom Modellversuch «Tagesmutter» hält, sagte sie, daß sie zwar davon gehört, aber noch nicht darüber nachgedacht hatte. Die Begegnungen sind dann eingeschlafen.

Im Winter 1974/75 versuchte ich Martin auf etwas Neues einzustimmen: Ich wollte wieder einmal in Urlaub fahren, unseren ersten und bis dahin letzten gemeinsamen Urlaub hatten wir vor unserer Hochzeit verbracht. Martin verhielt sich bei diesem Thema stur und kompromißlos. Die Gründe dafür waren für mich nicht einleuchtend. Er meinte, unsere finanziellen Mittel würden für einen Urlaub nicht ausreichen, was aber nicht stichhaltig war. Ich wollte einfach einmal heraus aus den vier Wänden, und wenn es nur für ein paar Tage gewesen wäre. Mit einm Kloß im Hals fragte ich die Schwiegermutter, ob sie Frank für ein paar Tage nehmen würde. Die Antwort war niederschmetternd. Sie meinte, das könne sie nicht, ein Kind gehöre schließlich zur Mutter, und außerdem könnte uns ja auch etwas passieren. Zu diesen Vorwürfen fühlte sie sich berechtigt, obwohl sie selbst Martin sehr viel allein gelassen hat. Wir beide hatten bereits begonnen, die Behinderung von Frank wahrzunehmen, uns damit auseinanderzusetzen, um sie irgendwann einmal auch akzeptieren zu können. Meine Schwiegereltern waren noch lange nicht soweit. Je mehr wir von Franks Verhaltensstörungen erzählten, desto mehr leugneten sie eine Behinderung. Im Zusammenhang mit meiner Frage nach dem Urlaub warf meine Schwiegermutter mir dann gleich auch noch vor, ich wäre an Franks seltsamen Verhaltensweisen schuld, ich hätte ihn zu viel in seinem Zimmer gelassen. Wütend wehrte ich mich gegen diese Beschuldigungen und zog mich von ihnen zurück. Der Versuch, Martin zu überreden, mit Frank zusammen wegzufahren, scheiterte ebenfalls. Es war eine schlimme Zeit.

Nur mit meinen Eltern konnten wir uns über Frank aussprechen. Mein einziger Bruder hat im Alter von zwei Jahren eine Hirnhautentzündung bekommen. Er war ein schwieriges, aggressives Kind und mußte von der Hauptschule in die Sonderschule für Lernbehinderte überwechseln. Später hat er dann noch den Hauptschulabschluß nachgeholt und eine Lehre abgeschlossen, was uns alle sehr gefreut hat. Weh tut mir heute, daß wir Schwestern ihn oft gehänselt haben, anstatt ihn zu akzeptieren. Ich kann mich aber auch nicht erinnern, daß meine Eltern uns jemals ernst und ausführlich erklärt hätten, was mit unserem Bruder los ist. Ich hatte ja keine Ahnung davon! Meine Eltern waren also die einzigen, bei denen wir uns über Frank aussprechen konnten. Heute frage ich mich allerdings, ob wir sie damit überfordert haben. Immer wenn Frank bei ihnen ist, verhält er sich besonders schlimm.

Auch uns gegenüber verhält er sich unmöglich, wenn wir nicht mehr «an ihn glauben können». Man muß gegen dieses Gefühl der Hoffnungslosigkeit im Umgang mit Behinderten ankämpfen, sonst wird die Situation immer unerträglicher.

Im April 1975 begann Martin ein Fernstudium im Fach «Betriebswirtschaftslehre», um sich auf das Staatsexamen «Betriebswirt graduiert» vorzubereiten. Fernstudium deshalb, weil man das zu Hause am Feierabend, ohne Berufsunterbrechung, durchführen kann. Alles geschicht dabei schriftlich, die Lösungen der Aufgaben werden an einen Lehrer geschickt, sie kommen dann korrigiert zum Absender zurück. Neben den Semesterprüfungen trifft man sich nur einmal im Jahr zwei Wochen lang zum Vollzeitunterricht mit direktem Lehrerkontakt. Diese Art des Studiums erfordert natürlich viel Kraft und Ausdauer, ich war nicht sehr froh darüber. Die Entscheidung habe ich ihm selbst überlassen, ich wollte ihm da in keiner Weise dreinreden. Schließlich mußte er damals ein Jahr vor dem Abitur von der Oberschule herunter. Er war sehr unzufrieden an seinem Arbeitsplatz, die Kollegen waren alle viel älter als er und wehrten sich gegen die Neueinführung der elektronischen Datenverarbeitung. Er hatte die nicht einfache Aufgabe, die neue Arbeitsweise den älteren Kollegen verständlich und «schmackhaft» zu machen, ohne jedoch mit den notwendigen Kompetenzen ausgestattet zu sein.

Er widmete sich von nun an intensiv seinem Abendstudium. Oft kam es vor, daß er bis nachts um ein Uhr arbeitete, so daß wir fast überhaupt keine Zeit mehr füreinander hatten. Mein einziger Außenkontakt war eine Schulfreundin, die ich einmal im Monat besuchte. Wenn Martin nicht arbeitete, dann saß er lange vor dem Bildschirm. Noch im ersten Halbjahr nach unserer Hochzeit hatten wir uns geschworen, daß wir nie einen Fernsehappart brauchen. Trotzdem war jetzt einer da und wurde auch fleißig eingeschaltet. Plötzlich haßte ich das sogenannte Unterhaltungsprogramm, ich verstand nicht mehr, daß ich Politik jemals für langweilig gehalten hatte! Ich interessierte mich für alles, was «draußen» passierte, ich las regelmäßig die Zeitung und verstand das Geschriebene auch immer mehr, weil ich mich um Grundinformationen bemüht hatte. Plötzlich hatte ich das Gefühl, in den zurückliegenden zehn Jahren überhaupt nicht gelebt zu haben, weil ich von den Studentenunruhen, von der Großen Koalition und vom Beginn der Bürgerinitiativen so gut wie nichts mitbekommen habe. Es überraschte mich immer wieder, wie viel Martin aus jener Zeit erzählen konnte. Wir stammen beide nicht aus politischen Elternhäusern, ich zermarterte mir den Kopf darüber, woran das lag: Daß er wie selbstverständlich die politischen Ereignisse seines Jugendalters in sich aufgenommen hatte, obwohl er nicht übermäßig politisch interessiert ist. Die Ursache dafür kann nur in den unterschiedlichen Rollenerwartungen liegen; politisches Interesse ist männlich, Desinteresse dagegen weiblich. Ich kann mich nicht erinnern, daß mein Vater je mit meiner Mutter über Politik gesprochen hat, er tat dies höchstens mit männlichen Bekannten. Ich hatte viel nachzuholen.

Martin liebte nach wie vor seine Krimis. Nur langsam sah ich ein, daß jemand, der tagsüber und oft auch abends geistig arbeitet, etwas zur Entspannung braucht. Es war nicht leicht für mich, wenn er meine augenblickliche Begeisterung für diese oder jene Zusammenhänge nicht teilen wollte. Es fehlte mir einfach an Gesprächspartnern, und ich war (noch) nicht in der Lage, mir diese auf eigene Faust zu suchen. Unterschwellig hatte ich das Gefühl, daß er, gerade weil ich ihn politisch interessierter haben wollte, stundenlang fernsah, um vor mir seine Unabhängigkeit zu beweisen. Das brachte mich so auf die Palme, daß ich ein paarmal den (Fernseh-)Strom abschaltete, um ihn «zurückzugewinnen». Dafür erntete ich natürlich nur Spott.

Ich spürte, daß Martin innerlich unzufrieden mit seinem Arbeitsplatz war, und es stimmte mich traurig, daß er so selten darüber sprach. Man kann doch nicht alles derart verdrängen. Auch kam es oft vor, daß er wegen Kleinigkeiten «aus der Haut fuhr». In einer solchen Situation fühlte ich mich innerlich wie versteinert, mein in ihn gesetztes Vertrauen erlitt einen fürchterlichen Schlag, und ich zog mich zurück. Ich fing an, gegen diese innerliche Erstarrung anzukämpfen und fragte so gefaßt wie möglich, was wirklich los sei. Schritt für Schritt lernte er dann, sich über seine berufliche Situation auszusprechen. Wenn er meinte, das verstehe ich nicht, entgegnete ich, daß er doch wohl in der Lage sein wird, mir seine berufliche Situation zu erklären. Es mag zwar «männlich» sein, sämtliche Probleme zu verdrängen, aber der Betroffene schafft sich damit nur zusätzliche Schwierigkeiten, weil er sie an die Familie weitergibt, anstatt zu überlegen, wie er sich selbst helfen kann. Wenn ich dann versuchte, ihm Ratschläge zu geben, meinte er beschwörend: «Wenn man nicht selbst drinsteckt, kann man gut daherreden.» Nach und nach konnte ich ihn davon überzeugen, daß eine Aussprache zwar keine Probleme löst, aber doch Aggressionen abbauen und neue Kräfte wecken kann. Er wehrte sich dagegen, daß ich anfing, eine kritische Einstellung anzunehmen, sein Spruch war immer: Man kann sowieso nichts ändern! Ich war schockiert über diesen Satz.

Auch auf unsere sexuelle Beziehung wirkte sich dieses Gegeneinander aus. Es kam manchmal vor, daß ich mich in den Schlaf weinte, weil ich das Gefühl hatte, daß Fernsehen und Studium für ihn ein willkommener Vorwand waren, meinen Bedürfnissen nach Zärtlichkeit auszuweichen. Mein Glaube an mich selbst, irgendwo noch liebenswert zu sein, schrumpfte zusammen und verstärkte zeitweise noch seine Distanz.

In bürokratischen Angelegenheiten wurde mir meine Abhängigkeit ebenfalls schmerzlich bewußt. Ich bemühte mich intensiv, Einblick in

Versicherungen, Steuern usw. zu bekommen, ich versuchte zum erstenmal, meine Schwellenangst vor Behörden aktiv anzugehen. Ich lernte, mich nicht mehr als hilfloses, ausgeliefertes Objekt gewisser Autoritäten zu sehen, sondern in solchen Situationen meine Selbstachtung zu behalten.

Im Spätsommer bekam ich ein Programm der evangelischen Familienbildungsstätte in die Hände, in dem Gesprächsabende für Mütter von geistig behinderten Kindern angekündigt waren. Meine Freude war groß. Endlich konnte ich Frauen kennenlernen, die ein ähnlich schweres Schicksal zu tragen hatten. Als ich an dem betreffenden Abend losging, hatte ich Herzklopfen; es war das erste Mal, daß ich allein in einen mir unbekannten Kreis ging. Anfangs saß ich etwas hilflos zwischen den anwesenden Frauen, die alle viel älter waren und sich schon kannten. Zögernd begann ich, über die Schwierigkeiten mit Frank zu berichten. Ich sprach mir sozusagen meinen ganzen Kummer von der Seele, viel zuviel hatte sich in der Zwischenzeit angesammelt! Endlich hatte ich Frauen gefunden, die das tatsächlich aus eigenem Erleben verstanden, was ich erzählte. Es war eine ungeheure Erleichterung für mich. Die Hilfsbereitschaft und Solidarität der Anwesenden bewirkte, daß ich meine Redehemmungen völlig vergaß. Der Abend hat mich ein Stück weitergebracht.

1. Treff mit Menschen aus gleicher Situation

3 Wege aus der Isolation

War die Pille an Franks Mißbildung schuld?

Am 17. Oktober 1975 erschien in der *Ludwigsburger Kreiszeitung* eine Meldung, die mich aufhorchen ließ. Sie enthielt die Warnung, daß Frauen, die trotz Pille schwanger werden, mißgebildete Kinder zur Welt bringen können. Ich war entsetzt. Ich dachte: das ist der Beweis, daß mein Verdacht berechtigt ist; endlich habe ich etwas in der Hand. Ich bekam Haßgefühle gegen dieses Medikament, gegen mich selbst und meinen sorglosen Umgang damit. Wie konnte mir nur so etwas passieren. Warum habe ich nicht gleich beim ersten Verdacht mit der Einnahme aufgehört? Ich war damals, beim ersten Ausbleiben der Regel, zu meinem Hausarzt gegangen. Ich bat ihn, einen Urintest zu machen, weil es mir peinlich war, in die Apotheke zu gehen. Der Arzt machte mir Vorwürfe, daß ich die Pille nicht genommen habe, und weigerte sich, den Test durchzuführen. Er meinte, er könne mir eine Spritze geben, wonach die Blutung innerhalb von fünf Tagen einsetzen würde. In meinen Ohren hämmerte es – Abtreibung – ich war entsetzt über diesen Vorschlag! Empört hat mich auch, daß er überhaupt nicht gefragt hat, ob ich das Kind will oder nicht. Ich hatte mich schon entschieden, ein ungeplantes Kind war mir immer noch lieber als ein Abbruch, den ich – damals – mit Mord gleichsetzte. Ich rannte enttäuscht aus der Praxis. Als ich es am Abend Martin erzählte, gab es ein Mißverständnis: Er meinte, ich hätte mir die Spritze tatsächlich geben lassen und schien sogar etwas erleichtert. Ich weinte verzweifelt und ließ mich von ihm trösten. Dieser Schock in der Praxis führte dann dazu, daß ich in aller Heimlichkeit den Test selbst durchgeführt habe und nach dem ungenauen Ergebnis die entscheidenden fünf Wochen verstreichen ließ . . .

Ich wollte mit Martin über die Zeitungsmeldung sprechen. Er ließ sich aber nicht so recht darauf ein, auch er kämpfte wohl gegen aufkommende Schuldgefühle. Tagelang war ich deprimiert, lief planlos in der Wohnung umher und überlegte, was ich wohl tun könnte. Dann stand mein Entschluß fest: Ich wollte diese Sache nicht auf sich beruhen lassen. Ich nahm mir vor, Behörden und die zuständige Firma anzuschreiben und um Informationen zu bitten.

Zuerst wandte ich mich an die Firma Schering und an das Gesundheitsministerium. Die Antworten fielen noch viel spärlicher aus, als ich erwartet hatte. Es wurde einfach kategorisch erklärt, daß ein Zusammenhang zwischen Pilleneinnahme in der Frühschwangerschaft und Mißbildungen nicht besteht.

Ich war enttäuscht. Was war dabei herausgekommen? Nichts. Was hatte ich überhaupt erwartet? Ich konnte es nicht so recht sagen. Da stand der Verdacht im Raum, daß das sicherste und am meisten verbreitete Verhütungsmittel unter gewissen Umständen schwere Schäden bewirken kann, und ich wurde derart «abgespeist». Ich spürte Zorn und Auflehnung in mir aufsteigen. Irgendwo fühlte ich mich verpflichtet, andere Frauen vor einem derartigen Leidensweg zu warnen. Aber wie? Natürlich schossen mir auch ganz andere Gedanken durch den Kopf: Vielleicht könnten wir einmal Schadenersatz bekommen für die ungeheure Last, die uns aufgebürdet worden war? Nein – da brauchte ich mir überhaupt keine Hoffnungen zu machen: die Beträge, die für einen derartigen Prozeß nötig sind, würden wir nie aufbringen. Ganz abgesehen davon, daß man die Ursache einer Mißbildung nie restlos «beweisen» kann. Trotzdem rief ich bei der Geschäftsstelle unserer Rechtsschutzversicherung an und fragte, ob derartige Prozesse von ihnen überhaupt geführt werden. Das wurde im Prinzip bejaht, doch «der Zeitpunkt des Schadenereignisses muß nach dem Vertragsabschluß liegen», was bei uns nicht der Fall war.

Martin versuchte, meine Aktivitäten zu bremsen, indem er behauptete, das alles hätte keinen Sinn und würde Frank sowieso nicht helfen. Daß Frank damit nicht geholfen wird, war mir auch klar, aber wieso sollte das völlig sinnlos sein? Ich versuchte, ihm begreiflich zu machen, daß andere Frauen ein Recht darauf haben, derartige Risiken zu erfahren – er wehrte sich dagegen. Er meinte, es bestünde die Gefahr, daß ich wegen nicht bewiesener Behauptungen angezeigt werde. Ich brachte das Wort «Demokratie» ins Spiel: Was ist eine Demokratie noch wert, wenn man nicht fragen und sich informieren darf? Außerdem ist «fragen» nicht gleichbedeutend mit «Behauptungen aufstellen», warf ich ein. Schon seit längerer Zeit spielte ich mit dem Gedanken, in die Jugendorganisation der Sozialdemokratischen Partei einzutreten, meine Freundin arbeitete dort schon seit Jahren mit und erzählte mir oft darüber. Jetzt kam mir die Idee, doch die örtliche Jungsozialisten-Gruppe zu bitten, mir bei dieser Sache behilflich zu sein. Ich dachte bei mir, das wäre doch eine Gelegenheit, praxisbezogene Arbeit zu betreiben, anstatt in der Theorie zu überlegen, wie man unsere Gesellschaft verändern könnte in Richtung auf mehr Menschlichkeit. Ich erkundigte mich beim örtlichen Parteibüro nach der Adresse eines Juso-Mitarbeiters und schrieb einen Brief. Über die Antwort habe ich mich gefreut. Ich hatte die Gruppe gebeten, in ihrem Namen Anfragen an die verschiedenen Krankenkassen, an die Kassenärztliche Bundesvereinigung, die Bundesärztekammer und an die Beratungsstelle für Arzneimittelschäden in Berlin zu richten. Dieser Bitte wurde auch entsprochen. Gleichzeitig erhielt ich eine Einladung zur Jahreskreiskonferenz, die an einem Samstag nachmittag stattfand. Martin war über meinen Entschluß, an dieser Konferenz teilzunehmen, empört. Schon länger hatte ich versucht, bei ihm Verständnis zu wecken für irgendeine außerhäusliche Tätigkeit. An Berufstätigkeit war nicht zu denken, weil Frank gerade erst in den Kindergarten gekommen war, aber wegen seiner übergroßen Unruhe nur für insgesamt zwei Stunden täglich. Die Mitarbeit in einer politischen Gruppe erschien mir ideal, weil sie nur abends und höchstens mal samstag nachmittags stattfindet, also zu den Zeiten, wo Martin zu Hause ist. Er hatte meine Bemerkungen anscheinend nicht sehr ernst genommen, denn jetzt wehrte er sich mit Händen und Füßen dagegen. Mit aller Macht versuchte er mir ein schlechtes Gewissen einzuimpfen, weil ich ihn und den Kleinen an Samstagnachmittagen allein lassen wollte! Er kam einfach nicht darüber hinweg, daß ich tatsächlich den Mut hatte, in diese mir fremde Gruppe zu gehen, anstatt nur davon zu sprechen. Ich fragte, woher *er* so selbstverständlich das Recht nehme, mit Kollegen zum Volksfest oder Betriebsausflug zu gehen, ohne sich ein schlechtes Gewissen darüber zu machen, daß ich allein bin! Ich blieb fest, obwohl es innerlich furchtbar schmerzte. Wie tief sitzen doch Erziehung und Rollenerwartungen. Wenn er aggressive Äußerungen von sich gab, holte ich tief Luft und sagte gefaßt, daß ich auch mal das Recht habe, außer Haus zu gehen. Ich spürte, je mehr ich selbst von diesem Recht überzeugt war, desto eher konnte ich ihn auch überzeugen. Wenn ich dagegen Schuldgefühle aufkommen ließ, wurden seine Vorwürfe immer schlimmer.

Unsicheren Schrittes ging ich an jenem Samstagnachmittag in den Versammlungsraum. Er war überfüllt, die Luft war stickig vom Rauch, und die Frauen waren stark unterrepräsentiert. Neben mir saß ein junger Mann, der von Geburt an gehbehindert ist. Er sprach mich sehr freundlich an und half mir damit ein Stück über meine Befangenheit hinweg. Mehrmals habe ich mich mit ihm nach dem «offiziellen Teil» unterhalten, er konnte mir viel über die Gefühle des «Behindertseins» erzählen, die geistig Behinderte nicht sprachlich ausdrücken können. Natürlich habe ich an jenem Abend nicht alles verstanden, was besprochen wurde; um 17 Uhr 30 wurde mein schlechtes Gewissen wegen der verstrichenen Kaffeezeit unerträglich. Ich holte beim Diskussionsleiter das versprochene Schreibpapier mit Partei-Briefkopf ab und fuhr wieder nach Hause. Dort erwartete mich mein Ehemann mit finsterem Gesicht und gewickeltem Frank. Ich ging geflissentlich in die Küche, um den Kaffee zu kochen.

Ich schrieb also die schon erwähnten Stellen an, diesmal im Auftrag der örtlichen Juso-Gruppe. Über die eingehenden Antworten war ich überrascht. Insgesamt wurde betont, daß die bisher erfolgten Untersuchungen keine erhöhte Mißbildungsrate ergeben hätten. Von der Firma

Schering erhielt ich drei wissenschaftliche Arbeiten, die sich mit dem Thema befassen. Beim näheren Betrachten stellte ich dann aber fest, daß zum Beispiel in der Arbeit von Professor Hüter Hormone als in der Schwangerschaft verbotene Stoffe aufgeführt sind. Als Nebenwirkungen sind unter anderem Reduktion des Geburtsgewichts, Wachstumshemmung, Gewichtsverminderung aufgeführt. Das Wort Wachstumshemmung hat mich verständlicherweise betroffen, wie sonst könnte man die Schädigung von Frank bezeichnen? In einer weiteren Analyse von Girotti ist von einem Mißbildungsanstieg von 2,2 Prozent auf 7,7 Prozent die Rede, wenn die Mutter während der Frühschwangerschaft die Pille eingenommen hat. Von Professor Dr. Kewitz hatte ich ein Buch über ein Symposion am 4. und 5. Dezember 1970 im Klinikum Steglitz Berlin bekommen. Darin war zu lesen, wenn eine Frau innerhalb von sechs Monaten nach Absetzen der Pille schwanger wird und eine Fehlgeburt erleidet, verdoppelt sich die Zahl der Fälle, bei denen eine Veränderung der Chromosomenzahl festzustellen ist. Das bekannteste Beispiel einer Chromosomenkrankheit ist der Mongolismus. Der Verdacht stand also nach wie vor im Raum. Ich war stolz darauf, daß ich so viele Informationen bekommen hatte, den Schritt in die Gruppe gewagt hatte und daß die Arbeit nicht umsonst gewesen war.

Hin und wieder besuchte ich die Gruppenabende, und langsam bekam ich auch mit den Leuten Kontakt. Allerdings konnte ich eine «Rest-Kluft» nie ganz überwinden. Unter den Mitgliedern waren Schüler, Studenten, Arbeiter, Angestellte, aber keine «Eltern». Schon oft in den letzten Jahren habe ich das Gefühl gehabt, daß es beinahe «unnormal» ist, unter dreißig Jahren Kinder zu bekommen. Bei einem Treffen wurde ich beiläufig gefragt, ob ich Schülerin oder Studentin wäre, als ich wohl etwas zu forsch «Hausfrau» sagte, war das meinem Gegenüber ein bißchen peinlich. Selbstverständlich haben Schüler und Studenten noch am ehesten Zeit für politische Betätigungen, aber ich meine, gerade wenn man Kinder hat, sollte man sich mit Hilfe der Politik für eine menschlichere Umwelt einsetzen.

Bei einem weiteren Treffen der Juso-Gruppe, wo auch der zuständige Bundestagsabgeordnete anwesend war, sollte ich das Ergebnis meiner Befragungen vortragen. Ich war furchtbar aufgeregt. Würde ich überhaupt einen Ton vorbringen? Ich fragte mich plötzlich, ob mein Thema überhaupt in die nüchterne Atmosphäre einer politischen Versammlung paßt, ob es dort nicht völlig deplaciert wäre. Und dann auch noch ein derart «weibliches» Thema, an einem Ort, wo fast nur Männer versammelt sind! Aber wo gehörte es dann hin? Ist es nicht auch Sache der Männer, alles Menschenmögliche zu tun, damit gesunde Kinder geboren werden? Ich bejahte für mich diese Frage, und ich war stolz, daß mich mein Mut noch nicht verlassen hatte. Mit hochrotem Kopf, zuerst stockend und dann fließend, berichtete ich in dem überfüllten Nebenraum vom Ergebnis meiner Befragung, von den ausweichenden und verneinenden Antworten und von den Widersprüchlichkeiten. Dann wurde beschlossen, daß sich der anwesende Abgeordnete persönlich im Bundestag um Auskünfte bemüht. Ich habe dann leider nicht mehr nach dem Ergebnis gefragt. Kapitulation? Ich glaube nicht. Ich war mir von vornherein darüber im klaren, daß ich selbst keine großen Wellen würde schlagen können, dazu gehören schon viele Gleichgesinnte oder -betroffene. Ich war froh, daß das Thema überhaupt aufgegriffen wurde und daß ich meine Schwellenangst zur Politik überwunden hatte.

Ich ging dann seltener in die Juso-Gruppe. Ich fand einfach nicht die Zeit, mich in die Parteistruktur einzuarbeiten, eine Voraussetzung, um wirklich effektiv mitmachen zu können. Die Arbeit mit Frank beanspruchte mich doch sehr stark. Außerdem war ich egoistischer geworden, weil ich merkte, daß meine Zufriedenheit Frank zugute kam. Ich war zu der Erkenntnis gekommen, daß eine Portion Egoismus gesund ist, weil sie die mitmenschlichen Beziehungen fördert. Wer aus lauter Idealismus irgend etwas tut, was ihm eigentlich keinen Spaß (mehr) macht, der gibt indirekt oder offen Aggressionen weiter, die die Atmosphäre vergiften. Man kann nicht für eine «bessere Welt» kämpfen, wenn die persönlichen Beziehungen nicht funktionieren. Ab Herbst 1976 bin ich dann in eine Amnesty International-Gruppe gegangen, in der ich mich lange wohl gefühlt habe. Diese Organisation setzt sich in der ganzen Welt für Menschen ein, die wegen ihrer Meinung, ihrer Religion oder Rasse verfolgt, gefoltert oder gar ermordet werden, ohne selbst Gewalt angewandt zu haben. Die Organisation setzt sich gleichermaßen für den Osten, den Westen und für die Dritte Welt ein. In der Gruppe waren auch Mütter, die Arbeit war nicht so spezialisiert, wie es die Parteienarbeit ist. Sie war einfach meiner persönlichen Situation angemessener, weil ich mitmachen konnte, ohne mich erst allzu lange einarbeiten zu müssen. Die Amnesty International-Mitglieder schreiben Protestbriefe in jene Länder, wo der Bevölkerung deren Grundrechte auf Meinungs-, Religions- und Gewissensfreiheit verwehrt werden. Außerdem versuchen wir durch Öffentlichkeitsarbeit auf derartige Menschenrechtsverletzungen aufmerksam zu machen. Wir sind grundsätzlich gegen Folter und Todesstrafe, auch bei Gewaltverbrechern.

Ich gab also meine Aufklärungsarbeit über mögliche Pillen-Risiken auf, nicht zuletzt, weil ich in dieser Sache ganz allein stand, weil in den Medien das Thema, mit Ausnahme der erwähnten Meldung, völlig tabu war. Das hat sich inzwischen geändert. Seit Oktober 1978 gibt es in Deutschland eine «Interessengemeinschaft Duogynon-geschädigter Kinder». Duogynon ist ein Medikament, das, genau wie die herkömmliche Pille, aus den Sexualhormonen Östrogen und Gestagen besteht. Es wurde und wird leider immer noch als Schwangerschaftstest verschrieben. Duogynon steht seit zehn Jahren in Verdacht, Mißbildungen an Ungeborenen zu verursachen, wenn es innerhalb der ersten drei Schwangerschaftsmonate eingenommen wird. Unbegreiflich bleibt mir, daß Ärzte so lange nicht auf die Idee gekommen sind, daß ein Arzneimittel, das die Blutung herbeiführt, den Embryo vermutlich schädigt.

Erschwert wird die Arbeit dieser Interessengemeinschaft noch dadurch, daß es in Deutschland, im Gegensatz zu anderen europäischen Ländern, keine Mißbildungsstatistiken gibt. Die Ärzte wehren sich dagegen, weil sie zu sehr an die «Krüppellisten» des Nazi-Regimes erinnert! Als ich das zum erstenmal hörte, war ich sehr betroffen. Welch ungeheures Mißtrauen steckt doch dahinter, wenn man solche Statistiken ausschließlich im Hinblick auf deren negative Verwertung zu beurteilen vermag. Mißtrauen nur gegen die anderen oder auch gegen sich selbst? Vor kurzem habe ich versucht, Näheres über die Mißbildung von Frank zu erfahren. In zwei medizinischen Fachbuchhandlungen bekam ich die Auskunft, daß es keine deutsche Arbeit über diese Mißbildung gibt. Erst im Archiv der Zentralbibliothek war zu erfahren, daß es einen Zeitschriftenaufsatz in deutscher Sprache über Mikrozephalie gibt, in einer vor zehn Jahren erschienenen Ausgabe einer medizinischen Fachzeitschrift. Sind Mißbildungen ein vergessener, tabuisierter Forschungsbereich? Leisten die fehlenden Statistiken dieser Verdrängung nicht Vorschub?

Korrespondenz mit Professoren

Ich habe auch mehrere Professoren in persönlichen Briefen um deren Meinung über die Ursachen der Behinderung gebeten. Ein Zusammenhang mit der Pilleneinnahme wurde, mit einer Ausnahme, überhaupt nicht in Erwägung gezogen. Ich wurde auf eventuell innerhalb der ersten drei Schwangerschaftsmonate durchgemachte Virusinfektionen (zum Beispiel Toxoplasmose, Cytomegalie) aufmerksam gemacht. Leider wußte ich zu dem Zeitpunkt noch nicht, daß derartige Infektionen nach der Geburt bei mir ausgeschlossen worden waren. Auch eine genetische Schädigung ist später durch eine Chromosomenanalyse ausgeschlossen worden. Professor Hoffbaur von der Universität Berlin erwähnte, daß auch an eine toxische Schädigung gedacht werden muß, wobei der chronische Alkoholgenuß (!) die häufigste Ursache sei. Beim Lesen dieser Zeilen trieb es mir die Tränen in die Augen. Ich hatte während der Schwangerschaft sogar den allmorgendlichen Kaffee durch Kakao ersetzt, Alkohol trinken wir beide so gut wie nie. Das hatte ich in meinem Brief auch geschrieben. Kürzlich sah ich im Fernsehen, daß das Krankheitsbild Mikrozephalie tatsächlich bei Kindern von Alkoholikern vorkommt, gekoppelt allerdings mit weiteren bei Frank nicht

SCHERING AG

Postanschrift: SCHERING AG · D-1 Berlin 65 · Postfach 65 03 11

Frau
Ingrid Häusler

SCHERING AKTIENGESELLSCHAFT
Pharma Deutschland

Schering

Kernzeit im Rahmen der gleitenden Arbeitszeit: 8.45–15.15 Uhr Freitags 15.00 Uhr

Telex: 181 777a schb d
Telegramme: Scheringchemie Berlin

Ihre Zeichen	Ihre Nachricht vom	Telefon: *(0 30) 4 68-1 / (0 30) 4 68-	Unsere Zeichen	Datum
	27.10.1975	5513	Dr.Hr/n	4. November 1975

Bitte bei Antwort angeben

Betreff

Sehr geehrte Frau Häusler !

Wir danken für Ihr Schreiben und können Ihre Frage, ob eine Frau, die versehentlich während der Frühschwangerschaft einen Ovulationshemmer weiter eingenommen hat, ein geschädigtes Kind zur Welt bringt, ganz kurz beantworten.

Nach allen bisher durchgeführten Untersuchungen und auf Grund der noch laufenden Studien darf man sagen, dass durch eine Hormonbehandlung in der Frühschwangerschaft – darunter fällt auch die versehentliche Einnahme der Pille – kein Ansteigen der Missbildungsrate bei den Neugeborenen zu beobachten ist.

Mit freundlichen Grüssen
S C H E R I N G AG
i.V. i.A.

(Behrmann, Apoth.) (Dr.H.Herrmann)

Formular-Nr.: 1083-4

Vorstand: Dr. Christian Bruhn · Hans-Jürgen Hamann · Dr. Heinz Hannse
Karl Otto Mittelstenscheid · Dr. Horst Witzel
Stellv.: Dr. Herbert Asmis
Vorsitzender des Aufsichtsrats: Dr. Eduard v. Schwartzkoppen
Sitz der Gesellschaft: Berlin und Bergkamen
Handelsregister: AG Charlottenburg 93 HRB 283 u. AG Kamen HRB 0061

Für Besucher: Berlin-Wedding, Müllerstraße 170-178
Postscheck-Konto: Berlin-West 1175-101, Bankleitzahl 100 100 10
Berliner Commerzbank AG, Berlin, Konto-Nr. 108 7006 00, Bankleitzahl 100 400 00
Berliner Disconto-Bank AG, Berlin, Konto-Nr. 241/5008, Bankleitzahl 100 700 00
Berliner Handels-Gesellschaft – Frankfurter Bank –, Berlin
Konto-Nr. 14-362, Bankleitzahl 100 202 00

Eltern

2043

PROFESSOR DR. MED. GERHARD DÖRING
Mitglied des Wissenschaftlichen Beirats der Redaktion

Frau
Ingrid Häusler

Sehr geehrte Frau Häusler !

Haben Sie vielen Dank für Ihren Brief, den ich auf Wunsch der Redaktion E l t e r n beantworten werde.

Es kommt gar nicht so selten vor, daß eine Frau in Verkennung der Umstände die Pille weiter nimmt, obwohl sie bereits schwanger ist. Es gibt in der wissenschaftlichen Literatur keinerlei Hinweise, daß dadurch dem Kind ein Schaden zugefügt werden könnte. Am meisten hat man befürchtet, daß dadurch bei Mädchen eine teilweise Vermännlichung der äußeren Genitalorgane eintreten könnte. Aber auch diese Befürchtungen bestehen nicht zu recht, wie viele Beobachtungen zeigen.

Die abnorme Kleinköpfigkeit (Microcephalie) kann die Folge einer Rötelninfektion während der drei ersten Schwangerschaftsmonate sein oder aber auch die Folge einer Zytomegalie.

Mit den besten Empfehlungen
bleibe ich stets Ihr

Prof. Döring

Chefarzt der Geburtshilflich-Gynäkologischen Abteilung des Städt. Krankenhauses München-Harlaching, 8000 München 90, Sanatoriumsplatz 2

Brigitte

Leserdienst

2000 Hamburg 36
Postfach 30 20 40
Telefon (040) 4118 (1)

Frau
Ingrid Häusler

Sitz der Redaktion
Warburgstr. 50
Telex 0211 850
Deutsche Bank AG Hmb
(BLZ 200 700 00)
Konto-Nr. 03/22 800
Postscheck Hmb 8480-204

6. November 1975
1023-Dr.EP/gh

Liebe Frau Häusler,

vielen Dank für Ihren Brief. Wir haben dazu unseren ärztlichen Berater für angeborene Krankheiten, Herrn Priv. Doz. Dr. med. E. Passarge, Leiter der Genetischen Sprechstunde am Universitätskrankenhaus Hamburg-Eppendorf, um Stellungnahme gebeten und folgende Antwort erhalten:

Sie stellen in Ihrem Schreiben viele berechtigte, aber schwer zu beantwortende Fragen, zumal wir ja Ihr Kind nicht kennen.

Sie machen sich jetzt Vorwürfe, daß die Anti-Baby-Pille an dem Zustand Ihres Kindes schuld sein könnte. Dazu läßt sich sagen, daß ein möglicher Einfluß der Pille in der dritten bis siebten Schwangerschaftswoche kaum zu so schweren Störungen führt. Die wesentliche Entwicklung des Gehirns liegt erst nach dieser Zeit und Schädigungen in dieser Zeit würden eher zu einer Fehlgeburt geführt haben. Leider gibt es dafür weder eine direkte Untersuchungsmöglichkeit, noch eine nähere Beweisführung. Der Kopfumfang von nur 31 Zentimeter bei der Geburt spricht in der Tat für eine vorgeburtliche Hirnschädigung, deren Ursache aber ungeklärt ist. Die Ursache dürfte auch unklärbar sein, weil bei einem sehr großen Teil aller angeborenen Störungen die exakte Ursache auch mit modernsten Methoden nicht feststellbar ist.

-2-

Gruner + Jahr AG & Co
Druck- und Verlagshaus
Hamburg

-2-

Es läßt sich von hier aus auch nicht beurteilen, welchen Einfluß die schwere Gelbsucht infolge Blutgruppenunverträglichkeit auf die weitere Entwicklung gehabt haben kann. Dazu müßte man alle Einzelheiten kennen. An einen zusätzlichen Schaden wäre immerhin zu denken.

Sie schreiben am Ende Ihres Briefes, daß Ihre Kinderärztin gesagt hätte, es gäbe noch keine Statistiken über den Zusammenhang von Pilleneinnahme und Schwangerschaft. Das ist insofern nicht ganz richtig, als es zwar Statistiken gibt, man sie aber in einem Einzelfall nicht anwenden kann. Man kann also im Einzelfall nicht argumentieren, daß die Pilleneinnahme unter allen Umständen unschädlich ist, auch wenn man umgekehrt keine Hinweise für Schädigungen hat.

Von hier aus läßt sich zu Ihrem Brief leider nicht mehr sagen. Aber vielleicht sollten Sie sich in einer Ihnen nahegelegenen Universitätskinderklinik (beispielsweise Tübingen, Ulm, Heidelberg oder Freiburg) noch beraten lassen.

Mit allen guten Wünschen und freundlichen Grüßen sind wir

Ihre
Redaktion Brigitte
Leserdienst
Hannelore Granderath
Hannelore Granderath

Der Bundesminister
für
Jugend, Familie und Gesundheit
Gesch. Z. 341.1 - 4700 - H 5/7
Bei allen Antwortschreiben wird um Angabe obiger Geschäftsnummer gebeten.

53 BONN-BAD GODESBERG 1, den 9. Januar 1976
Postfach 490
Fernruf (02221) 834/381
(oder über Vermittlung 8341)
Fernschreiber: 8-85517
Dienstsitz: Kennedyallee 105-107

Frau
Ingrid Häusler

Sehr geehrte Frau Häusler,

in Beantwortung Ihres Schreibens vom 27. Oktober 1975 kann ich Ihnen mitteilen, daß Beobachtungen über Schädigungen des Kindes bei versehentlicher Einnahme der Pille in der Frühschwangerschaft nicht vorliegen. Insbesondere ist auf keinen Fall aus solchen Gründen mit Mißbildungen zu rechnen.

Mit freundlichen Grüßen
Im Auftrag

Hohage
(Dr. Irene Hohage)

Bitte Eingaben - ohne persönliche Anschrift - an Dienststelle richten

FREIE UNIVERSITÄT BERLIN **FU BERLIN**

Fachbereich
Klinikum Steglitz (FB 2)
Institut für Klinische Pharmakologie (WE 14)

Beratungsstelle für Arzneimittelschäden
Prof. Dr. Helmut Kewitz

Freie Universität Berlin,
Klinikum Steglitz, 1000 Berlin 45, Hindenburgdamm 30

Frau
Ingrid Häusler

Telefon/Durchwahl: (030) 798 ...2280
intern: FU 94
Senat 99294
Telex: 184873 uklin

Ihr Zeichen	Ihre Nachricht vom	Unser Zeichen	Datum
-	-	-	24.4.1976

Sehr geehrte Frau Häusler!

Ihren Brief, der am 29.3.76 hier eingetroffen ist, finde ich sehr interessant. Insbesondere wegen der kategorischen Formulierungen, die Ihnen wohl besonders zu liegen scheinen.

Über meine Bemühungen auf diesem Gebiet darf ich Sie bitten, sich aus der beigefügten Schrift zu unterrichten.

Es wird gar nicht leicht sein, Ihre Forderungen zu erfüllen. Sie dürfen aber versichert sein, daß alle, die sich damit befassen, sich die größte Mühe geben, so schnell wie möglich zu zuverlässigen Resultaten zu gelangen.

Zur Zeit ist eine sorgfältig angelegte Studie im Stadium der Auswertung, und eine Untersuchung über die Folgen der Einnahme von Contraceptiva läuft gerade an. Jedoch sind derartige Erhebungen verhältnismäßig kompliziert, und es wird einige Jahre dauern, bis die Ergebnisse auf dem Tisch liegen.

Aus Zeitungsmeldungen kann man im allgemeinen nur sehr wenig Aufschlußreiches entnehmen. Selbst wenn die Meldung stimmen sollte, daß die FDA besondere Warnhinweise auf den Beipackzetteln in der genannten Art verlangt, läßt sich daraus überhaupt kein Schluß ableiten. Die Grundlagen für Warnhinweise kann schon ein vager Verdacht abgeben, dazu bedarf es keiner wissenschaftlich fundierten Resultate.

Falls Sie weitere Fragen haben, bin ich gern bereit, Ihnen mit Rat und Tat zur Verfügung zu stehen.

Mit freundlichen Grüßen

H. Kewitz

SCHERING AG

Postanschrift: SCHERING AG · D-1 Berlin 65 · Postfach 65 03 11

Frau
Ingrid Häusler

SCHERING AKTIENGESELLSCHAFT
Pharma Deutschland

Kernzeit im Rahmen der gleitenden Arbeitszeit: 8.45–15.15 Uhr Freitags 15.00 Uhr

Telex: 181 777a schb d
Telegramme: Scheringchemie Berlin

Ihre Zeichen	Ihre Nachricht vom	Telefon: *(0 30) 4 68-1	Unsere Zeichen	Datum
	22.3.76	(0 30) 4 68-5514	Lü/wd	31. März 1976

Bitte bei Antwort angeben

Betreff : Schwangerschaften trotz Einnahme ovulationshemmender Präparate und kindliche Mißbildungen

Sehr geehrte Frau Häusler!

Wir danken Ihnen für Ihr an die Medizinisch-Pharmazeutische Studiengesellschaft gerichtetes Schreiben und äußern uns gern zu obiger Frage:

Die Problematik zur Erforschung von Ursachen fetaler Mißbildungen ist leider sehr viel komplexer, als sie manchmal dargestellt wird, und man ist gerade im Hinblick auf den möglichen Ursachenfaktor Sexual-Hormone noch weit von einer endgültigen Klärung entfernt.

Der Verdacht, daß die Gabe von Sexual-Hormonen in der Schwangerschaft zu Mißbildungen führen könnte, wurde in den letzten Jahren von einigen amerikanischen und englischen Autoren geäußert. Er basiert auf Einzelberichten und retrospektiven Studien. Bei letzteren werden die ärztlichen Berichte über den Schwangerschaftsverlauf nachträglich – meist mehrere Jahre nach der Geburt des mißgebildeten Kindes – ausgewertet und die Mütter der mißgebildeten Kinder ebenfalls nachträglich befragt.
Gegen die Aussagekraft solcher retrospektiver Erhebungen werden sehr schwerwiegende Bedenken geäußert, sowohl von medizinischer als auch von statistischer Seite. Es ist die Frage, ob man mit dieser Methode überhaupt Aussagen über Arzneimittelnebenwirkungen machen kann. Das gilt besonders dann, wenn es sich nicht um ein wohl definiertes Krankheitsbild handelt (hier z.B. wie eben erwähnt, das ganze Mißbildungsspektrum), wenn für die Störung oder die Störungen mehrere Ursachen denkbar sind, die sich nachträglich nur schwer oder überhaupt nicht und schon gar nicht vollständig erfassen lassen, wenn

– 2 –

Formular-Nr.: 1083-5

Vorstand: Dr. Herbert Asmis · Dr. Christian Bruhn · Hans-Jürgen Hamann
Dr. Heinz Hannse · Karl Otto Mittelstenscheid · Dr. Horst Witzel
Vorsitzender des Aufsichtsrats: Dr. Eduard v. Schwartzkoppen
Sitz der Gesellschaft: Berlin und Bergkamen
Handelsregister: AG Charlottenburg 93 HRB 283 u. AG Kamen HRB 0061

Für Besucher: Berlin-Wedding, Müllerstraße 170-178
Postscheck-Konto: Berlin-West 1175-101, Bankleitzahl 100 100 10
Berliner Commerzbank AG, Berlin, Konto-Nr. 108 7006 00, Bankleitzahl 100 400 00
Berliner Disconto-Bank AG, Berlin, Konto-Nr. 241/5008, Bankleitzahl 100 700 00
Berliner Handels-Gesellschaft – Frankfurter Bank –, Berlin
Konto-Nr. 14-362, Bankleitzahl 100 202 00

SCHERING AG

Empfänger	Unsere Zeichen	Datum	Blatt
Frau Ingrid Häuser	Lü/wd	31. März 1976	2

derartige Störungen schon auftraten bevor das verdächtige Arzneimittel erhältlich war, und wenn sich die durch solche Studien gewonnenen Erkenntnisse nicht durch andere Methoden, etwa pharmakologische Studien, bestätigen lassen.

Größerer Aussagewert kommt prospektiv geplanten Studien zu, bei denen sämtliche denkbaren Faktoren im voraus festgelegt und ihr Einfluß auf Schwangerschaft und Kind verfolgt werden. Die einzige derartige Untersuchung, die sich mit diesem Thema befaßt, läuft seit ca. 6 Jahren an der Universitäts-Frauenklinik in Göttingen, wo eine Gruppe von Frauen, die während der Frühschwangerschaft Hormone bekommen hat (meistens hormonale Schwangerschafts-Tests) mit einer anderen Gruppe ohne entsprechende Behandlung verglichen wird. Bis 1972 konnten fast 3/600 Frauen untersucht werden, inzwischen liegt die Zahl bei 5/000. Diese Göttinger Untersuchung **hat keine erhöhte Mißbildungsrate bei den Frauen ergeben, die Hormone in der Frühschwangerschaft bekommen hatten, wobei es gleichgültig war, ob die Hormon-Zufuhr zu Testzwecken, wegen einer drohenden Fehlgeburt oder durch versehentliche Einnahme oraler Kontrazeptiva erfolgte.**
Eine entsprechende Veröffentlichung von HALLER haben wir informationshalber beigelegt.

Auch in einer von GIROTTI 1975 unter dem Titel "Ovulationshemmer und reproduktive Funktion" (Verlag Hans Huber, Bern-Stuttgart-Wien) publizierten Analyse bisheriger Arbeiten heißt es im Kapitel "Ovulationshemmer während der Schwangerschaft": "Bei keinem Neugeborenen finden sich Mißbildungen oder Anomalien der äußeren Genitalien, und insbesondere treten auch keine Zeichen der Virilisierung auf, entgegen den Befürchtungen aufgrund theoretischer Überlegungen." (Seite 93).

In der Hoffnung, Sie damit zufriedenstellend informiert zu haben, verbleiben wir

mit freundlichen Grüßen

SCHERING AG

i.V. i.A.

(Behrmann, Apoth.) (Lüneburg)

Anlage

VERBAND DER ANGESTELLTEN-KRANKENKASSEN E. V. **vdak**

Postfach 241
Frankfurter Str. 84
5200 Siegburg
Telefon: (02241) 108-1

Durchwahl: 108 -237
Telegrammanschrift: Vaudak

VdAK Postfach 241 Frankfurter Str. 84 5200 Siegburg

Frau

Ingrid Häusler

Ihre Zeichen	Ihre Nachricht vom	Unsere Zeichen (bei Schriftwechsel bitte angeben)	Tag
	22.3.1976	Fi/Wo	3.5.1976

Sehr geehrte Frau Häusler,

wir danken Ihnen für Ihr Schreiben vom 22.3.1976, dem Sie freundlicherweise die Stellungnahme des Bundesministeriums für Jugend, Familie und Gesundheit vom 9.1.1976 beigefügt haben. Wir können den Ausführungen des Bundesministeriums insofern zustimmen, als auch uns Beobachtungen über Schädigungen von Kindern bei versehentlicher Einnahme eines Ovulationshemmers in der Frühschwangerschaft nicht bekannt geworden sind. Wir wissen aus verschiedenen Veröffentlichungen, daß die Arzneimittelkommission der Deutschen Ärzteschaft und das Bundesgesundheitsamt entsprechenden konkreten Hinweisen über Feststellungen im Bundesgebiet sofort nachgehen würden.

Mit freundlichen Grüßen

Vertragsabteilung

i.A.

(Fischer)

Kreissparkasse Siegburg (BLZ 386 500 00)
Kto.-Nr. 001 019 850
Deutsche Bank AG, Siegburg (BLZ 386 700 60)
Kto.-Nr. 301/8173
Postscheckamt Köln (BLZ 370 100 50)
Kto.-Nr. 261 71-502

Der Bundesminister
für
Jugend, Familie und Gesundheit

Gesch. Z. 331 - 5007-H-2/23
Bei allen Antwortschreiben wird um Angabe obiger Geschäftsnummer gebeten.

53 BONN-BAD GODESBERG 1, den 12.Mai 1976
Postfach 490
Fernruf (02221) 834/ 336
(oder über Vermittlung 8341)
Fernschreiber: 8-85517
Dienstsitz: Kennedyallee 105-107

An den
Kreisverband Ludwigsburg
der Sozialdemokratischen Partei
Deutschlands
z.Hd. von Frau Ingrid Häusler

Betr.: Orale Schwangerschaftsverhütungsmittel;
hier: Prüfung hormonaler Kontrazeptiva

Bezug: Ihr Schreiben vom 22. März 1976

Sehr geehrte Frau Häusler !

Die negative Einwirkung hormonaler Kontrazeptiva auf die Kindesentwicklung wird in Fachkreisen nicht völlig ausgeschlossen, wenngleich Mißbildungen infolge der Einnahme von Kontrazeptiva während der Gravidität bisher nicht nachgewiesen werden konnten. Die Notwendigkeit eingehender Untersuchungen zur Klärung dieser Zweifel steht außer Frage.

Vom Bundesminister für Jugend, Familie und Gesundheit werden daher seit Jahren Forschungsvorhaben aus Bundesmitteln gefördert, die eine Klärung verschiedener aus der Behandlung mit oralen Kontrazeptiva resultierender Fragen zum Ziele haben.

Mögliche Risiken, die durch die Einnahme hormonaler Kontrazeptiva u.a. in die Schwangerschaft hinein ausgelöst werden könnten, sollen in einer prospektiven Studie geklärt werden, die bereits seit 1972 von Prof. Dr. Haller, Universitäts-Frauenklinik Göttingen, durchgeführt wird. Aufgrund der bisherigen Ergebnisse konnte jedoch noch kein statistischer Nachweis darüber erbracht werden, ob diese Einnahme zu Mißbildungen führen kann.

- 2 -

Bitte Eingaben - ohne persönliche Anschrift - an Dienststelle richten

- 2 -

Prof. Dr. Haller veröffentlicht die Ergebnisse der von mir geförderten Untersuchungen in der Fachpresse und wird im Oktober d.J. auf dem internationalen Gynäkologenkongreß in Mexiko über das Thema "Schwangerschaften nach Anwendung hormonale Kontrazeptiva" referieren. Vor Abschluß der Arbeiten und Auswertung der Ergebnisse kann noch nicht gesagt werden, ob eine Unterrichtung über die Fachpresse hinaus erforderlich ist.

Mit vorzüglicher Hochachtung
Im Auftrag

(Dr. Lösten)

SCHERING AG

Postanschrift: SCHERING AG · D-1 Berlin 65 · Postfach 65 03 11

SCHERING AKTIENGESELLSCHAFT

Sozialdemokratische Partei
Deutschlands
Landesverband Baden-Württemberg
- Jungsozialisten -
Kreisverband Ludwigsburg

Schering

Kernzeit im Rahmen der gleitenden Arbeitszeit: 8.45–15.15 Uhr Freitags 15.00 Uhr

Telex: 181 777a schb d
Telegramme: Scheringchemie Berlin

Ihre Zeichen	Ihre Nachricht vom	Telefon	Unsere Zeichen	Datum
		*(0 30) 4 68-1 (0 30) 4 68-	Pharma Deutschl. Lü/Am/bg Bitte bei Antwort angeben	8.9.1976

83.1

Betreff

Schwangerschaften trotz Einnahme ovulationshemmender Präparate und kindliche Mißbildungen

Sehr geehrte Frau Häusler,

wir bestätigen dankend den Eingang Ihres Schreibens vom 20.8.1976 und äußern uns auf Ihre zusätzlichen Fragen wie folgt:

Was die Göttinger Untersuchung von Herrn Prof. Haller anbelangt, die wir Ihnen schon mit unserem Schreiben vom 31. März d. Jahres haben zukommen lassen, so sind uns neuere Ergebnisse aus dieser Untersuchung leider nicht bekannt. U. W. sind solche auch nicht veröffentlicht worden. Überdies befürchten wir, daß die Studie auch nicht weitergeführt wird, nachdem - wie Sie sicher wissen - Herr Prof. Haller leider kürzlich verstorben ist.

/ Wir senden Ihnen daher heute ergänzend noch die Veröffentlichung der in unserem Schreiben vom 31.3. d. Jahres bereits erwähnten / Studie von Girotti sowie eine Veröffentlichung von Eichhorn und Mitarbeitern, die sich ebenfalls mit Untersuchungen zu dieser Frage beschäftigt haben. Auch in diesen Untersuchungen konnten keine Mißbildungen an Neugeborenen, deren Mütter Ovulationshemmer während der Schwangerschaft eingenommen hatten, festgestellt werden. Über die Dauer der Einnahmezeit werden allerdings in keiner der uns vorliegenden Untersuchungen Angaben gemacht. Wir vermuten, daß dies darauf beruht, daß ohnehin die Einnahme der Ovulationshemmer über mehrere Wochen erfolgte, da Schwangerschaften häufig erst nach einigen Wochen als solche erkannt werden.

- 2 -

Formular-Nr.: 1085-4

Vorstand: Dr. Christian Bruhn · Hans-Jürgen Hamann · Dr. Heinz Hannse
Karl Otto Mittelstenscheid · Dr. Horst Witzel
Stellv.: Dr. Herbert Asmis
Vorsitzender des Aufsichtsrats: Dr. Eduard v. Schwartzkoppen
Sitz der Gesellschaft: Berlin und Bergkamen
Handelsregister: AG Charlottenburg 93 HRB 283 u. AG Kamen HRB 0061

Für Besucher: Berlin-Wedding, Müllerstraße 170-178
Postscheck-Konto: Berlin-West 1175-101, Bankleitzahl 100 100 10
Berliner Commerzbank AG, Berlin, Konto-Nr. 108 7006 00, Bankleitzahl 100 400 00
Berliner Disconto-Bank AG, Berlin, Konto-Nr. 241/5008, Bankleitzahl 100 700 00
Berliner Handels-Gesellschaft – Frankfurter Bank –, Berlin
Konto-Nr. 14-362, Bankleitzahl 100 202 00

SCHERING AG

Empfänger	Unsere Zeichen	Datum	Blatt
Demokratische Partei Deutschlands	Lü/Am/bg	8.9.1976	2

Selbstverständlich verfolgen wir alle Veröffentlichungen zu diesem Fragenkomplex mit ganz besonderem Interesse; zu gezielten eigenen Untersuchungen in dieser Richtung sind wir aus Gründen, die auf der Hand liegen, nicht in der Lage. Weil dies so ist und weil somit ein Beweis der Unschädlichkeit der Ovulationshemmer für den Embryo nicht endgültig erbracht werden kann, haben wir in unseren Informationen über die von uns hergestellten oralen Antikonzeptionsmittel die Schwangerschaft als Kontraindikation aufgeführt.

Informationshalber legen wir noch eine Arbeit von Hüter aus der Therapiewoche 25,46 (1975) bei.

In der Hoffnung, Ihnen mit diesen Ausführungen gedient zu haben, verbleiben wir

mit freundlichen Grüßen
SCHERING AKTIENGESELLSCHAFT
i.V. i.A.

Amon Lüneburg

Anlagen

Formular-Nr.: 1095

STÄDTISCHE KRANKENANSTALTEN MANNHEIM

- Fakultät für klinische Medizin Mannheim der Universität Heidelberg -

FRAUENKLINIK - MORPHOLOGIE

STÄDTISCHE KRANKENANSTALTEN · 68 MANNHEIM 1 · POSTFACH 23

Frau
Ingrid Häusler

FERNMÜNDLICHE RÜCKFRAGEN
DURCHWAHL-NR. (0621) 383.385

Tag 18. 1o. 1976/e.

Sehr geehrte Frau Häusler,

es tut mir leid, daß ich Ihren Brief erst heute beantworten kann. Sie sprechen darin ein kompliziertes Problem an. Die von Ihnen geschilderte Unterentwicklung des Gehirns bei Ihrem dreieinhalbjährigen Jungen könnte vielerlei Ursachen haben. Ein Pillenschaden ist dabei nicht absolut sicher auszuschließen. Bevor ich Ihnen aber dazu näheres sagen kann, habe ich noch mehrere Fragen an Sie, die mir zur Beurteilung noch wichtig wären:

Wie alt sind Sie jetzt?
War dies Ihre erste Schwangerschaft?, oder haben Sie gesunde ältere Kinder ?
Haben Sie vor dem 15. 7. 1972 jemals die Pille genommen?
Wie alt waren Sie bei Eintritt in die Menarche?
Wie war Ihr Zyklusverlauf vor der Schwangerschaft ?
Exakt welche Pille haben Sie vom 15. 7. bis 18. 8. 1972 genommen (Name des Präparates und der Herstellerfirma)?

Darf ich Sie bitten, mir diese Fragen kurz noch zu beantworten, damit wir in der Problematik etwas weiter kommen. Sie werden dann baldmöglichst wieder von mir hören.

Für heute bin ich mit freundlichen Grüßen

Ihre

Prof. Dr. med. Dallenbach-Hellweg

STADTSPARKASSE MANNHEIM 251116 | POSTSCHECK KARLSRUHE 17820-755 | FERNRUF SAMMEL-NUMMER (0621) 3831 | FERNSCHREIBER 4-63041 krama d

8.11.76

Freie Universität Berlin
Frauenklinik und Poliklinik
Charlottenburg
-Strahlenabteilung-

1 Berlin 19, den
Pulsstraße 4 - 14
Fernsprecher: [redacted].: 326
neue Rufnummer
3211095

Gesch.-Zeich. De.Me/W

Frau
Ingrid H ä u ß l e r

Sehr geehrte Frau Häußler!
Ihr Schreiben vom 19.10.76 über Ihr Kind Frank habe ich erhalten, und habe es erst leider dieser Tage an meinen Kollegen, Herrn Prof. Dr.Hoffbauer, weitergegeben, der zu den gesamten Fragen, die Sie anschneiden, eine große persönliche Sach- und Fachkenntnis als Geburtshelfer besitzt.
Aus meiner Kenntnis als langjähriger klinischer Röntgenologe kenne ich die von Ihnen beschriebene Entwicklungsstörung auch schon aus Zeiten, bevor es je eine Hormonzufuhr von außen her gegeben hat. Ich empfinde aus Ihren Zeilen Ihre mütterliche Sorge und Not. Wahrscheinlich wird es Ihnen aber in dieser Sorge nicht viel nützen, wenn ich Ihnen sage, daß ich schon viele Mütter in ähnlicher Situation gesehen habe, die sich später bei weiteren Geburten über völlig gesunde, geistig frische Kinder freuen durften.

Mit frdl. Gruß

(Dr.R.-D.Myer)
Leiter der Strahlenabteilung

10.-6.73 Pl.

STÄDTISCHE KRANKENANSTALTEN MANNHEIM

– Fakultät für klinische Medizin Mannheim der Universität Heidelberg –

FRAUENKLINIK – MORPHOLOGIE

STÄDTISCHE KRANKENANSTALTEN · 68 MANNHEIM 1 · POSTFACH 23

Frau
Ingrid Häusler

FERNMÜNDLICHE RÜCKFRAGEN
DURCHWAHL-NR. (0621) 383 385

Tag 11. 11. 1976/e.

Sehr geehrte Frau Häusler,

haben Sie herzlichen Dank für die Beantwortung der noch ausstehenden Fragen. Ich hatte inzwischen Gelegenheit, Ihren Fall genau durchzusprechen mit den Herren der Deutschen Arzneimittelkommission, welche die größte einschlägige Erfahrung auf diesem Gebiet haben. Unter den bisher gesammelten Unterlagen lässt sich ein Zusammenhang zwischen der von Ihnen eingenommenen Pille und der Hirnschädigung bei Ihrem Kind nicht sicher erkennen. Es existieren aber in der Bundesrepublik bisher nur wenige einschlägige Beobachtungen. Ich werde daher Ihren Fall, falls Sie einverstanden sind, der Arzneimittelkommission melden, da man nur auf diese Weise Zusammenhänge erkennen kann. Außerdem werde ich mich auch noch an die Herstellerfirma des Neogynon wenden, da diese möglicherweise intern einschlägige Daten besitzt. Sollte ich in der Zukunft irgendwelche Informationen erhalten, die für Sie interessant sein könnten, so werde ich Ihnen selbstverständlich noch einmal schreiben.

Für heute bin ich mit freundlichen Grüßen
Ihre

Prof. Dr. med. Dallenbach-Hellweg

STADTSPARKASSE MANNHEIM 251116 · POSTSCHECK KARLSRUHE 17820-755 · FERNRUF SAMMEL-NUMMER (0621) 3831 · FERNSCHREIBER 4-63041 krama d

FREIE UNIVERSITÄT BERLIN
Fachbereich
Klinikum Charlottenburg (FB 3)
Frauenklinik und -Poliklinik Charlottenburg (WE 14)

FU BERLIN

Freie Universität Berlin
FB 3, WE 14; 1000 Berlin 19, Pulsstr. 4-14

Frau
Ingrid Häusler

Ihr Zeichen	Ihre Nachricht vom	Unser Zeichen	Telefon/Durchwahl (030) 306 10 95	Datum
	19. 10. 1976	Prof. Ho/br	intern:	15. 11. 197

Sehr geehrte Frau Häusler!

Ihre Anfrage habe ich zusammen mit Herrn Dr. Meyer erörtert, und wir sind zu einer übereinstimmenden Beurteilung Ihres Falles gekommen.

Ich bin auch der Meinung, daß es sich bei Ihrem Frank um eine vorgeburtliche Hirnschädigung handelt, deren Ursache jedoch unklar ist. Man müßte an einen Virusinfekt während der ersten drei Schwangerschaftsmonate denken. In Betracht gezogen werden sollte außer Röteln auch noch Cytomegalie, Herpes und Mumps, um nur die wichtigsten Viren zu nennen.

Aber auch eine genetische Schädigung wäre möglich. Deswegen sollten Sie eine Chromosomenanalyse bei Ihrem Kind durchführen lassen.

Als 3. wäre noch an eine toxische Schädigung zu denken, wobei der chronische Alkoholgenuß die häufigste Ursache ist.

Auf einen Pillen-Einfluß während der ersten Schwangerschaftswochen ist die Erkrankung Ihres Sohnes nicht zurückzuführen.

Ich möchte glauben, daß der 12. 3. der richtige Geburtstermin und daß das Kind im Zusammenhang mit der vorgeburtlichen Schädigung im Ganzen auch mangelentwickelt war.

-2-

-2-

Im Übrigen glaube ich, daß sich ein derartiges Ereignis - vorausgesetzt, daß es sich um keine Chromosomenaberration handelt - nicht wiederholen wird. Sollte es doch eine Chromosomenstörung sein, so könnte man das Risiko einer Wiederholung in diesem speziellen Fall errechnen.

Ich hoffe, daß ich Ihnen mit meinen Ausführungen helfen konnte.

Mit freundlichen Grüßen

(Prof. Dr. med. H. Hoffbauer)
Facharzt für Frauenheilkunde und Geburtshilfe

vorhandenen Kopf- und Gesichtsmißbildungen, zum Beispiel Ohrmißbildungen, weit aufgeworfenen Oberlippen.

Frau Professor Dallenbach-Hellweg aus Mannheim war die einzige, die bereit war, den Fall an die Arzneimittelkommission der deutschen Ärzteschaft zu melden. Später erfuhr ich, daß Ärzte eigentlich verpflichtet sind, von Patienten angegebene Arzneimittel-Nebenwirkungen an diese Kommission zu melden.

Es fällt auf, mit welcher Sicherheit Ärzte und Professoren mich zu überzeugen versucht haben, daß die Einnahme des Hormonpräparats ganz bestimmt nicht an der Hirnschädigung schuld ist. Ich werde den Gedanken nicht los, daß hierbei auch die Angst eine gewisse Rolle gespielt hat, Angst davor, «schuld» daran zu sein, wenn ich mich in Schuldgefühlen verstricke. Auch Ärzte, die ich persönlich ansprach, beeilten sich mit Übereifer, mir zu sagen, daß sie überhaupt keine Bedenken hätten. Ich bin mir auch darüber im klaren, daß dieses Thema zusätzliche Brisanz dadurch gewinnt, weil ich ja gleichzeitig zugebe, daß Frank kein Wunschkind war! Vergangenes kann man nicht ändern. Es wäre niemandem geholfen, wenn ich mir durch Schuldgefühle das Leben schwermachen würde.

Es macht mir nichts aus zuzugeben, daß Frank kein gewolltes Kind war, aber mir ist oft aufgefallen, daß ich mein Gegenüber damit in Verlegenheit brachte. Man ist es nicht gewohnt, daß eine Mutter zugibt, daß ihr Kind nicht «geplant» war. Sicher passiert es immer wieder, daß ein nicht geplantes Kind zum nicht angenommenen Kind wird, aber auch die umgekehrte Entwicklung kommt nicht so selten vor: Daß ein ursprünglich geplantes Kind zum nicht angenommenen Kind wird, weil es nicht den Erwartungen der Eltern entspricht, weil sie zu hohe und spezielle Erwartungen an das Kind haben.

Fest steht, daß ich mein Kind nicht wissentlich geschädigt habe, genausowenig wie die Mutter eines Contergan-Kindes das getan hat. Ich habe diese Aufklärungsarbeit deshalb begonnen, weil ich andere Frauen davor warnen will, nicht um mich in Schuldgefühlen zu verstricken. Ich könnte mir sogar vorstellen, daß anderen Frauen das gleiche passiert ist, daß sie aber nicht den Mut haben, dies irgend jemandem anzuvertrauen. Früher glaubte man, Eltern eines behinderten Kindes hätten dies durch begangene Sünden selbst «verschuldet». Deshalb fühlte man sich berechtigt, Eltern und Kinder dieser Gruppe, ja überhaupt jede sogenannte «Randgruppe», zu diskriminieren, denn ein Sündenbock entlastet ja das eigene (schlechte) Gewissen.

Unsere Ehe ändert sich

Ich hatte also durchgesetzt, daß ich an zwei, manchmal auch an drei Abenden in der Woche wegging. Durchgesetzt? Ich bin ganz einfach weggegangen, nicht ohne Frank vorher ins Bett gebracht und das Abendessen zubereitet zu haben. Neben der Amnesty-Gruppe besuchte ich auch die Veranstaltungen der Lebenshilfe, der Arbeitsgemeinschaft sozialdemokratischer Frauen und Volkshochschulkurse über Geschichte und Politik. Es machte mir Spaß, unter gleichgesinnte Leute zu kommen. Heute wundert es mich, wie ich neben alldem noch die Kraft für Frank aufgebracht habe. Was mir Kummer bereitete, waren die Reaktionen von Martin. Auch er änderte sich – aber zunächst andersherum. Während er am Anfang unserer Ehe stolz auf seine Selbständigkeit war, das heißt, er putzte seine Schuhe selbst, half viel mit Frank und band sich auch mal die Küchenschürze um, baute er diese Selbständigkeit jetzt Schritt für Schritt ab. Da ich zu jener Zeit noch stark mit Schuldgefühlen kämpfte, wehrte ich mich nicht allzusehr dagegen und bemühte mich, trotz allem eine «gute Hausfrau» zu sein. Gleichzeitig bekam ich auch einen ungeheuren Haß auf das ewige Putzen, Waschen und Kochen. Ich dachte bei mir, viel wichtiger ist doch, daß Frank eine gute Beziehung zu mir hat (und umgekehrt), daß er dann am besten sich entwickeln wird! Ich kochte innerlich vor Wut, wenn dann auch noch meine Mutter Bemerkungen über ein unsauberes Fenster, einen nicht ganz perfekt gekleideten Frank machte. Mich störten solche Dinge nicht im geringsten, irgendwo mußte ich ja die Zeit abknapsen, um das alles für mich nachzuholen. Was nützt es Frank, wenn ich ständig mit dem Wischlappen hinter ihm herrenne? Eine positive Seite an dieser Einstellung konnte meine Mutter nicht finden, genausowenig wie Martin. Einmal sagte er, wenn ich mir schon solche Freiheiten herausnehme, dann bitte so, daß man im Haushalt nichts davon merkt. Ich war entrüstet und fragte ihn, was ihm lieber wäre: ein perfekter Haushalt, wobei ich aber meine Unzufriedenheit an das Kind und auch an ihn weitergebe, oder ein weniger perfekter Haushalt, dafür in einer ausgeglichenen Atmosphäre. Solchen Fragen wich er konsequent aus.

Ich habe immer einen Unterschied gemacht zwischen der Pflege von Frank und Putzarbeiten in der Wohnung. Das eine ist absolut notwendig, das andere dient nur sehr bedingt dem Kind, eher den hygienischen Exzessen der Erwachsenen. Ich spürte, daß ich durch meine gewonnenen Interessen zufriedener wurde, und das wiederum kam Frank zugute. Ja – es machte mir mehr Spaß mit ihm, er war und ist eine schöne Abwechslung zu meinen geistigen Interessen. Ich konnte mich ihm viel offener, direkter zuwenden, seit ich mir das Recht nahm, in gewissem Rahmen eigene Interessen wahrzunehmen. Ich glaube überhaupt, daß die Mehrzahl der Menschen ein viel breiteres Spektrum an Fähigkeiten hat, als sie es je zur Anwendung bringt. Die meisten haben nie begonnen, in sich hineinzuhorchen, zu versuchen herauszufinden, wer sie eigentlich sind.

Martin begriff das alles – damals – nicht. Er wurde unselbständiger, weil er mir dann eher mangelnde hausfrauliche Qualitäten vorwerfen konnte. Er mischte sich autoritär in Haushaltsdinge ein, versuchte mir Vorschriften zu machen. Ich wehrte mich dagegen, daß er sich wie mein Vorgesetzter benimmt. Ich sagte, das ist der einzige Vorteil der Hausarbeit, daß man sie sich selbst einteilen kann! Man hat keinen eigenen Rentenanspruch, ist finanziell abhängig, die Chancen auf dem Arbeitsmarkt sinken rapide – aber diesen einen Vorteil möchte ich für mich wahrnehmen. Schließlich habe ich auch nicht die Möglichkeit, seine berufliche Leistungen zu bewerten. Wenn er dann nicht mehr weiter wußte, sagte er gehässig, er hört gleich mit Arbeiten auf, wenn ich genausoviel Geld wie er nach Hause bringe. Diese Bemerkung ist natürlich eine Zumutung, wenn man bedenkt, daß in unserer Gesellschaft die beruflichen Chancen von Frauen künstlich eingeengt werden, durch verweigerte Ausbildungschancen seitens der Eltern, durch gesellschaftliche und damit auch finanzielle Abwertung sogenannter «weiblicher Tätigkeiten».

Martin war einfach nicht wiederzuerkennen. Er kritisierte mich, wo er nur konnte, ob es nun um Politik ging oder um Haushaltskram. Ich hatte den Eindruck, daß es dabei überhaupt nicht um diese oder jene «Sache» ging, sondern um etwas viel tiefer liegendes, eine sachliche Auseinandersetzung war mit ihm überhaupt nicht zu führen. Und an den Abenden, wo ich zu Hause war, lief der Fernsehapparat endlos lange, so daß ich mein Weggehen nur wieder erneut begründen konnte. Oft spielte ich mit dem Gedanken, ihn zu bitten, mit mir zur Eheberatungsstelle zu gehen, aber dazu hätte ich ihn in seiner damaligen Verfassung niemals gebracht. Ich bot ihm immer wieder an, doch einmal mit in die Gruppe zu kommen, das lehnte er aber entschieden ab. Ich hatte das Gefühl, daß es ihm peinlich ist, in eine Gruppe zu gehen, wo ich alle Beteiligten kenne und er niemanden. Er hatte nach wie vor kein Bedürfnis, Kontakte außerhalb seines Berufs zu pflegen. Auch seine Distanz im sexuellen Bereich verstärkte sich noch mehr. Ich war froh, daß ich eine Freundin hatte, bei der ich mich aussprechen konnte. Ich bin sicher, daß zum Beispiel meine Mutter ihn «bemitleidet» hat. Wenn ich heute so über diese Zeit nachdenke, wundert es mich, daß wir sie so gut überstanden haben. Ich glaube, wenn wir unverheiratet und kinderlos gewesen wären, unsere Beziehung wäre vielleicht auseinandergegangen. Andererseits wäre ich ohne Frank wohl nie auf die Idee gekommen, nach eigenen Bedürfnissen zu forschen . . .

Irgendwann in dieser Zeit begriff ich, warum mein Verhalten ihn derart aus dem Gleichgewicht gebracht hatte. Was konnte wohl der

Grund dafür sein, daß er vorher einen selbstbewußten, selbständigen Eindruck machte, jetzt hingegen, wo ich meine seelische Abhängigkeit von ihm überwunden hatte, eher das Gegenteil der Fall war? Sein Selbstvertrauen war nicht sehr «echt», es war, zumindest teilweise, auf meine Abhängigkeit aufgebaut. Unbewußt hatte er sich von mir genauso abhängig gemacht wie ich mich von ihm! Er konnte sich nur im Vergleich zu meiner Kleinheit und Unselbständigkeit selbstsicher und stark fühlen. Ich bin sicher, daß das bei den meisten Männern der Fall ist, es ist auch gar nicht verwunderlich. Von frühester Kindheit an werden Jungen dazu angehalten, den «Starken» zu spielen («Du bist doch kein Mädchen»), ihre Jungenhaftigkeit als Gegensatz zu den «schwachen Mädchen» zu betrachten. Sie sollen möglichst keine Gefühle, sondern nur Mut, Selbstvertrauen, Entschlossenheit, Neugier, Kampfesgeist zeigen. Das ist für den Jungen eine reine Überforderung, er bezahlt sie mit einem in Wirklichkeit schwachen Selbstvertrauen, das durch die Verachtung alles «Weiblichen» kompensiert wird. Er lernt, sich als Gegensatz zur Frau zu betrachten, als Norm sozusagen. Kleine Mädchen dürfen schon mal jungenhaft sein, kleine Jungen lehnen Weiblichkeit schon von sich aus empört ab, ein Beweis, daß alles Weibliche als minderwertig betrachtet wird. Untersuchungen haben gezeigt, daß die Mutter schon vor einem männlichen Säugling mehr Achtung hat, sein Persönlichkeitsstreben mehr anerkennt als das des weiblichen Säuglings. Das ist auch der Grund dafür, daß Mädchen zum Beispiel früher sauber werden.

Ein paarmal habe ich das in meiner Umgebung beobachtet: Ein Geschwisterpaar, Junge und Mädchen, beide im Vorschulalter. Das Mädchen ist intelligent, sprachgewandt, selbstbewußt – man nimmt es hin, ist hingegen auf das hübsche Aussehen, die Fähigkeit, «den Vater einzuwickeln», stolz. Der Junge hat es zumindest genauso schwer: Aussehen, diplomatisches Geschick sind nicht gefragt, früh bemüht man sich, seine Intelligenz zu fördern, man kritisiert ihn, anstatt ihn anzunehmen. Heraus kommt das genaue Gegenteil, der Junge wird «labil», weil er sich überfordert fühlt, man hält ihn jetzt erst recht an, sich zu wehren, zu kämpfen, sich zu konzentrieren usw. In der Schule geht es weiter, mit den Jungen wird mehr gebüffelt, damit sie auch ja gute Noten nach Hause bringen, Mädchen hingegen werden zu mehr Hausarbeit, Geschwisterbetreuung herangezogen. Man wundert sich, daß Jungen viel öfter als Mädchen unter der sogenannten Lese- und Rechtschreibschwäche leiden, anfälliger gegen Krankheiten sind . . .

Aus diesem Teufelskreis ist nur schwer herauszukommen. Selbst wenn die Mutter einseitiges Rollenverhalten überwunden hat, der Junge beobachtet tagtäglich, daß der Vater außer Haus wichtiges zu tun hat, während die Mutter für den Innenbereich zuständig ist. Solange Väter nicht auch weibliche Verhaltensweisen bei sich selbst zulassen und weibliche Tätigkeiten ausführen, wird sich nicht allzuviel ändern.

Martin war also stark verunsichert durch mein verändertes Verhalten. Dies zeigte sich einerseits in aggressiven Ausbrüchen, massiver Kritik, aber auch in Formulierungen wie: «Du kannst mich doch nicht allein lassen!» Dieser Versuch, mir Schuldgefühle ihm gegenüber einzureden, ist eigentlich eine «weibliche» Taktik, jahrelang hatte ich das ja bei ihm versucht, wenn es ums Ausgehen ging. Ich lernte dann, daß derartige Krisen dann am besten zu meistern sind, wenn ich nicht meinen ersten Impulsen folge. Vorher habe ich mich bei seinen Angriffen verzweifelt gewehrt, was nichts anderes zur Folge hatte als einen endlosen Schlagabtausch, der uns nichts brachte. Jetzt habe ich, wenn er zum Beispiel provozierend irgendwelche Arbeiten verrichtete, meine aggressiven Impulse «fallenlassen» und mich innerlich zurückgezogen, mich anderem zugewandt. Ich fühlte mich mit meinen neuen Interessen ganz wohl, ich kam mit Frank besser zurecht, ich arbeitete von früh bis spät – was sollte ich mir vorzuwerfen haben! Martin merkte bald, daß seine «Putzaktionen» ihren eigentlichen Sinn verloren hatten, weil ich mir keine Schuldgefühle mehr einpflanzen ließ. Er gab sie dann schnell auf.

Wenn er mich mit Worten aggressiv angriff, ließ ich mich nicht mehr von meinen Gefühlen überrennen. Ich legte so gefaßt wie möglich meinen Standpunkt dar und zog mich dann ebenfalls innerlich zurück. Eine Weile war es dann so, daß er noch lauter wurde, weil ich so gefaßt blieb. Ich hatte das Gefühl, daß er gegen mich «wie gegen eine Wand anrennt», um ja nicht auf sich selbst zurückgeworfen zu sein, um einer Ausauseinandersetzung mit den eigenen Verhaltensweisen auszuweichen.

Langsam hat sich dann unsere Beziehung wieder gebessert. Er hat es zwar nie offen zugegeben aber ich merkte bald, daß er von mir einiges übernommen hatte. Er begann, sich auf sich selbst zu konzentrieren, mein Weggehen zu akzeptieren, genauso wie ich anerkenne, daß er gern fernsieht und ungern Verwandte besucht. Wir haben beide begriffen, daß es ganz und gar nicht darauf ankommt, «alles gemeinsam zu machen», sich aneinanderzuklammern. Es ist nicht leicht, die Bedürfnisse des Partners immer voll zu akzeptieren, aber der Schritt lohnt sich. Man muß es sich abgewöhnen, den anderen gleich zu verurteilen, wenn er nicht auf die eigenen Wünsche eingeht. Dieses innerliche «Verurteilen», die damit verbundene Überzeugung, der Partner tue dies, um mich zu ärgern, wird von ihm unbewußt erfaßt, und darauf reagiert jeder mit Aggression. Wer im Verhalten des Partners innerliche Verurteilung der eigenen Person erspürt, wird sich erst recht so verhalten, wie es der andere einzudämmen versucht. Warum geben wir Erwachsenen so selten zu, daß in unseren Beziehungen, genauso wie in den kindlichen, unbewußte Haltungen eine weitaus größere Rolle spielen als das gesprochene Wort? Oft wird betont, daß kleine Kinder, im besonderen auch behinderte Kinder, eine Begabung dafür haben, die unbewußten Signale des Mitmenschen zu empfangen. Der Erwachsene verfügt genauso über diese Fähigkeit; nur haben wir gelernt, sie zu verdrängen und zu ignorieren. Spontaner und ehrlicher Umgang miteinander fördert Mitmenschlichkeit, weicht autoritäre und ungerechte Strukturen auf, woran gewisse Kräfte in unserer Gesellschaft nicht interessiert sind.

Wenn wir heute über etwas verschiedener Meinung sind, dann können wir viel sachlicher darüber diskutieren als früher. Jeder verhält sich so, daß die gegenseitige Achtung gewahrt bleibt. Das schließt nicht aus, daß wir uns auch unangenehme Dinge sagen, man kann einen Menschen kritisieren und ihn trotzdem achten. Wenn ich früher mal weinte, faßte das Martin oft als «erpresserisches Weinen» auf, als Mittel, um bei ihm etwas durchzusetzen, ihn in die Rolle des «Trösters» und «Beschützers» zu zwingen. Am Anfang unserer Ehe war es das auch, er wehrte sich dagegen, indem er aggressiv wurde. Ich habe ihm gesagt, daß Weinen in bestimmten Momenten erleichtern kann, daß es falsch ist, derartige Gefühle total zu verdrängen. Wenn mir heute mal die Tränen kommen, wenn er dann nach dem Grund fragt und ich im Moment nicht zu langen Erklärungen fähig bin, akzeptiert er das. Er läßt mir Zeit, mich zu sammeln und ihm den Grund für mein Verhalten später mitzuteilen. Er selbst würde es aber nie fertigbringen, Tränen zu zeigen. Ich glaube, Männer zahlen einen hohen Preis dafür, daß ihnen Weinen von Anfang an systematisch abtrainiert wird. Wer Gefühle des Schmerzes nicht zeigen darf, lernt schließlich, sich von Gefühlen jeglicher Art zu distanzieren, die Angst, daß das Verdrängte mit übergroßer Macht durchbricht, ist zu groß. Wer Gefühle immer nur beiseite schiebt, bei dem wirken sie sich schließlich körperlich aus: Männer haben eine geringere Lebenserwartung als Frauen, das Herzinfarkt-Risiko ist bei ihnen bedeutend höher. Ein einziges Mal habe ich meinen Vater weinen gesehen: Als mein Bruder wegen einer Hirnhautentzündung ins Krankenhaus gekommen ist. Ich war damals zehn Jahre alt und sehr verwirrt darüber.

In letzter Konsequenz hat ja die Erziehung zur Tränenlosigkeit den Sinn, Männer «wehrfähig» zu machen. Vor knapp einem Jahr ist mein Bruder zur Bundeswehr eingezogen worden. Vor diesem Zeitpunkt habe ich ihn einmal gefragt, ob er nicht lieber versuchen wolle, Ersatzdienst zu leisten. Diese Bemerkung wurde von der anwesenden Verwandtschaft mit peinlicher Befangenheit aufgenommen. Mutter und Schwiegermutter meinten, er wolle doch wohl nicht zu diesen «Drükkebergern» gehören. Schlimm, daß ausgerechnet Frauen, die das Inferno des Zweiten Weltkrieges am eigenen Leib erlebt haben, darüber wachen müssen, daß die alten Männlichkeitsideale befolgt werden.

Martin hat sich in den letzten Jahren positiv verändert. Er hat gelernt, daß er sich noch lange nicht verachten muß, wenn er mit mir über seine beruflichen Schwierigkeiten spricht, manchmal schafft er es auch, über seine Gefühle dabei zu reden. Er ist ehrlicher zu sich selbst und im Verhalten zu mir und Frank geworden. Allerdings ist er nach wie vor ein Einzelgänger, er hat keine Lust, außerhalb seines Berufs unter Menschen zu gehen. Er hilft manchmal im Haushalt und bei der Pflege von Frank mit, aber nicht fest, nicht so, daß ich es einplanen kann. Ich habe zu Hause zwar die volle Entscheidungsfreiheit, er redet mir nicht mehr drein, aber ich habe auch die volle Last. Manchmal fällt er in die alte Rolle zurück, zum Beispiel als er wegen eines Stellenwechsels eine zunächst undurchschaubare, beunruhigende berufliche Situation vorfand. Mit dem Stellenwechsel war ein Umzug in eine 230 Kilometer entfernte Stadt verbunden. Er hatte mir sämtliche Formalitäten aufgehalst und warf mir dann in alter Gewohnheit vor, daß ich «nie fertig werde». Sieht das nicht so aus, als ob er mich in die Rolle des «schwachen Weibes» dadurch zurückdrängen will, indem er mich ganz einfach überfordert? Dies zeigt, daß Männer in der heutigen Arbeitswelt, wo Konkurrenzdenken, Machtkampf und Hierarchie etabliert sind, immer wieder in die alte Rolle zurückfallen werden. Die Erniedrigungen am Arbeitsplatz werden vom Mann entweder dadurch kompensiert, indem er – wie es in vielen Ehen noch ist – große Anschaffungen überwiegend selbst entscheidet und auch ausführt –, oder indem er, wie in unserem Fall – alles ohne Rücksicht auf Überforderung weitergibt. Beide Möglichkeiten verleihen ein gewisses Machtgefühl. Ich habe ihm damals gesagt, er profitiere ganz schön von meiner sogenannten «Emanzipation»!

Im großen und ganzen ist unsere Beziehung überraschend konfliktarm geworden. Wir haben nicht mehr die ständigen Querelen, Nörgeleien und Eifersüchteleien, die großen und kleinen Machtkämpfe und die gegenseitigen Vorwürfe.

4 Alltag mit einem behinderten Kind

Nur ein Spätentwickler?

Lange Zeit nach der Geburt haben wir nicht gewußt und auch nicht wahrhaben wollen, daß sich unser «Eltern-Alltag» von dem anderer Eltern gewaltig unterscheidet. Ich hatte mich über Schwangerschaft, Geburt und vor allem auch über die Erziehung in den ersten Lebensjahren informiert, weniger jedoch über die normale Entwicklung eines Säuglings. Ich weiß noch, daß zu jener Zeit erstmals den scheinbar winzig kleinen Entwicklungsschritten im ersten Lebensjahr volle Aufmerksamkeit gewidmet wurde. Der Ausbau der Vorsorgeuntersuchungen im Säuglingsalter hatte begonnen. Wie viele Mütter, wollte ich bei meinem Kind alles richtig machen. Den sturen Vergleich vorgegebener Daten mit den Entwicklungsschritten des Kindes lehnte ich jedoch ab. Ich erkannte, daß ein Kind in seiner Entwicklung sogar gehemmt werden kann, wenn man wegen jeder kleinen Abweichung gleich panische Angst bekommt. Es war wohl auch eine Protesthaltung, daß ich derartige Entwicklungskalender nicht sehr genau studierte. Wollte ich beweisen, daß es auch ohne geht, oder hatte ich Angst, der Wahrheit ins Gesicht zu sehen? Sicherlich spielte beides eine Rolle. Ich muß aber gestehen, daß ich damals von geistiger Behinderung, von ihrem schrittweisen Sichtbarwerden im Kleinkindalter, überhaupt keine Ahnung hatte, und die Ärzte haben diese Ahnungslosigkeit noch verstärkt. Ich wußte durch meinen Bruder etwas über Lernbehinderung, weiter gingen meine Vorstellungen gar nicht. Das Thema ist einfach tabu. Woher konnte ich ahnen, daß ausgerechnet bei meinem Kind das schrittweise Vergleichen mit einem Entwicklungskalender ganz angebracht gewesen wäre? Wieder die Gefahr von Schuldgefühlen. Ich hätte Frank damit nicht direkt helfen können, aber mir selbst und Martin. Dieser Prozeß des Zweifelns, der Suche, der Hoffnung und der Resignation hätte drastisch abgekürzt werden können. Viel früher schon hätte ich vor Ärzten und Therapeuten eine ganz andere Stellung gehabt. Wie viele Mütter ziehen Kinder auf, ohne auch nur eine Ahnung davon zu haben, in welcher Weise sich ein Kind entwickelt?

Frank war schon als Säugling so unruhig, wie man es sich gar nicht vorstellen kann. Das Fläschchengeben war eine reine Qual. Wir glaubten, daß es sich um Hospitalismus-Schäden handelt, hervorgerufen durch die fehlende feste Bezugsperson in der Klinik. Wenn jeder «Heim-Säugling» im Alter von zwei Monaten sich so aufführen würde wie Frank damals, müßte die Massenpflege notgedrungen abgeschafft werden . . . Heute weiß ich, daß Hospitalismus-Schäden in den ersten Lebensmonaten noch nicht über das Verhalten in Erscheinung treten. Das ganze erste Lebensjahr ist entscheidend. Kommt das Kind mit einem Jahr in eine Familie oder familienähnliche Gruppe, dann hat es noch gute Chancen, sich normal zu entwickeln, wenn auch gewisse Entwicklungsrückstände schon vorhanden sind. Von diesem Zeitpunkt an sinken die Chancen erheblich, der Entwicklungsrückstand vergrößert sich immer mehr.

Die Hospitalismus-Schädigung war also eine Ausrede, die wir uns nur deshalb geben konnten, weil wir nicht näher darüber Bescheid wußten.

Frank schrie in den ersten Lebensmonaten sehr viel und schrill, oft ohne erkennbaren Grund. Er hatte ausgeprägte Trinkschwierigkeiten, er konnte sich nicht an die Bezugsperson anschmiegen, sondern behielt eine seltsam starre Haltung, so daß ich Angst bekam, er würde mir vom Arm fallen. Frank zeigte eine «abnorme Schreckhaftigkeit», die uns damals nicht bewußt auffiel. Wenn ich heute die Bilder aus jener Zeit anschaue, sehe ich, daß seine Mundwinkel manchmal zu einer leichten «Schreckgrimasse» geformt sind, auf einem hält er die Hand abwehrend vor das Gesicht, was er ziemlich oft gemacht hat. Bei der Vorsorgeuntersuchung im Alter von fünf Wochen, als er noch in der Klinik war, ist das auch festgestellt worden. All diese Erscheinungen interpretieren wir als «fehlendes Urvertrauen», das sich bestimmt bald geben würde. Bei der nächsten Vorsorgeuntersuchung im Alter von fünf Monaten fällt auf, daß keine «Steifheit beim Füttern oder Baden» vermerkt ist. Bei dieser Untersuchung war Martin auch mit dabei. Heute scheint mir, daß wir uns bei unseren Angaben mehr vom Wunsch als von der Wirklichkeit haben leiten lassen. Auch die Schreckhaftigkeit ist in diesem Untersuchungsbericht nicht vermerkt. Weiterhin wird darin eine «Reaktion auf Lichtquelle oder bewegliche Gegenstände» bejaht, was nicht ganz der Wahrheit entspricht. Ein gesundes Baby kann schon im Alter von drei Monaten einer Rassel mit den Augen von einem bis zum anderen Augenwinkel folgen, Frank konnte es mit drei Jahren noch nicht richtig! Die Krankengymnastin mußte mich darauf aufmerksam machen, wie wichtig die Fähigkeit ist, einen sich bewegenden Gegenstand mit den Augen zu verfolgen. Im Anschluß an diese Untersuchung sind wir an das Zentrum für bewegungsgestörte Kinder geschickt worden, weil Frank eine ausgeprägte Spitzfußstellung zeigte. Die «reflektorische Stützreaktion», das heißt die Streckung der Füße und des Rumpfes bis in den Nackenbereich beim Hinstellen des Säuglings, ist beim Neugeborenen normal. Im Laufe der ersten Lebensmonate erlischt sie sehr schnell und weicht einer Beugehaltung der Beine beim Hinstellen. Heute habe ich einen ärztlichen Bericht von jener Untersuchung, worin zu meinem Erstaunen vermerkt ist: «Das Kind läßt sich gut pflegen.» Ich weiß noch, daß der Arzt uns das mehr oder weniger in den Mund gelegt hat, und wir haben nicht zu widersprechen gewagt. Er meinte, die Spitzfußstellung müsse im Auge behalten werden, wir brauchten uns aber keine Sorgen zu machen.

Am beschwerlichsten für mich waren im ersten Lebensjahr seine extreme Unruhe und seine Eßschwierigkeiten. Er weigerte sich von Anfang heftig gegen Gemüsebreie, der Geschmack war ihm offensichtlich zuwider. Wenn er eine Speise ablehnte, dann so konsequent, wie ich es nie für möglich gehalten hätte. Der Arzt übte Druck auf mich aus, ich solle ihm ja Gemüse geben, weil er ständig zu Verstopfungen neigte. Frank blieb stur, besonders wenn wir mal aus Verzweiflung versucht haben, ihn mit Gewalt zu füttern. Er machte auch keine Anstalten, das Kauen zu erlernen. Der Versuch, ihn mit einem Jahr auf zerkleinerte, feste Speisen umzustellen, schlug jämmerlich fehl. Er aß Brei und nur Brei . . . so lange, daß er heute alles «Breiige» strikt ablehnt. Ungefähr mit zwei Jahren hat er dann doch noch von sich aus begonnen, sich am «Erwachsenen-Mittagstisch» zu beteiligen, abends aß er noch lange seinen Grießbrei. Bis zu diesem Alter mußte ich mittags für ihn eine «Extrawurst» kochen, das war eine Menge zusätzliche Arbeit. Obst konnte ich ihm nur zerkleinert unter den Grießbrei geben; seit er den nicht mehr mag, ist seinem Körper alles «Obstähnliche» fremd. Vor kurzem hat es die Kindergärtnerin geschafft, daß er eine Mandarine gegessen hat, mit entsetzlich verzogenem Gesicht. Er mußte auch sehr lange gefüttert werden. Im Alter von vier Jahren, als er zur Kurzzeittherapie in Mariaberg war, lernte er endlich, den Löffel mit der Hand zum Mund zu führen.

Frank hat im ersten Lebensjahr mäßige Entwicklungsfortschritte gemacht, viel langsamer als andere Säuglinge. Mit einem Jahr hat ihm schon so viel gefehlt, wie ich es mir damals gar nicht vorstellen konnte; er konnte noch lange nicht mit beiden Händen gleichzeitig greifen, er war nicht fähig, kleine Gegenstände mit Daumen und Zeigefinger zu fassen («Pinzettengriff»), er konnte nicht beide Hände koordinieren, er ahmte keine Gesten nach. Wir waren völlig ahnungslos. Daß die Ärzte auffällig oft darauf hinwiesen, wie interessiert Frank doch alles beobachtete, ließ in uns (noch) keinen Zweifel aufkommen. Frank war tatsächlich an allem interessiert, aber er konnte nicht eine Minute bei einem Gegenstand bleiben. Daß er hin und wieder seltsam zwanghaft gegen seinen Mund klopfte, wurde als harmlose Unart abgetan. Ich glaube, die Ärzte haben uns in diesem Alter die Wahrheit nicht bewußt vorenthalten – sie waren unfähig, sie sich selbst einzugestehen. Im Zentrum für bewegungsgestörte Kinder wurde die Spitzfußstellung von Frank ein Jahr nur beobachtet und registriert, erst dann wurde ich zur Krankengymnastin geschickt. Heute weiß man, daß die optimale Zeit der Therapie solcher Bewegungsstörungen zwischen dem dritten und elften Lebensmonat liegt, bei Frank begann sie erst mit eineinhalb Jahren. Die Therapeutin machte mich zu diesem Zeitpunkt auf die erheblichen geistigen Defizite von Frank aufmerksam. Eine Beschäftigungstherapie, eine Therapieform zur Förderung der geistigen Fähigkeiten, wurde erst mit drei Jahren eingeleitet. Es sieht im nachhinein so aus, als ob Ärzte und Therapeuten mindestens genausoviel Schwierigkeiten wie wir hatten, sich von der angenommenen «leichten Gehbehinderung» auf eine echte geistige Behinderung umzustellen. Wie viel wertvolle Zeit ist dadurch verlorengegangen!

Ein kleiner Familientyrann?

Bis zum Ende des ersten Lebensjahres stecken alle Kinder Spielzeug in den Mund. Frank wollte und wollte nicht damit aufhören. Er führte nicht nur alles in den Mund, sondern er schleckte auch alles ab, ob es sich nun um Spielzeug, Fußböden oder Möbel handelte. Unglücklicherweise hatten wir das Wohnzimmer ausgerechnet mit weißen Möbeln eingerichtet, so daß diese Leidenschaft unseres Sohnes überdeutliche Spuren hinterließ. Außerdem merkten wir bald, daß Frank völlig unfähig war, sich auf ein Spielzeug zu konzentrieren, es zu beobachten. Er krabbelte von früh bis spät ruhelos in der Wohnung umher, um alles Greifbare in den Mund zu stecken oder abzulecken. Wir hatten alle für ihn gefährlichen Dinge aus seiner Reichweite genommen und versuchten ihm beizubringen, daß bestimmte Dinge uns gehören und für ihn tabu sind. Wenn wir ihn ruhig und bestimmt darauf aufmerksam machten, ignorierte er das. Frank zeigte jahrelang einen ungeheuren Starrsinn, wenn es darum ging, Dinge zu nehmen, kaputt zu machen oder in den Mund zu stecken, die zufällig in seiner Reichweite lagen. Alles Verbieten nützte nichts, oft hatten wir den Eindruck, daß er uns nicht hört. Daß sein Hörvermögen aber in Ordnung war, bewies uns folgendes: Bellte in weiter Ferne ein Hund, dann sagte er plötzlich: «Wauwau» – und wir mußten uns für einen Moment ins Gedächtnis rufen, ob wirklich einer gebellt hat, so unbedeutend, so entfernt klang es! Eine weitere Leidenschaft kam hinzu: Er zerriß zwanghaft und verbissen Papier, soviel er nur konnte. Dabei entwickelte er eine besondere Technik: Er packte das Papier nicht wie üblich mit beiden Händen, um es in der Mitte durchzureißen. Er packte zum Beispiel einen Katalog mit einer Hand an einem Zipfel und schleuderte ihn kraftvoll hin und her, bis er immer kleiner wurde . . . Mit drei Jahren stellte die Beschäftigungstherapeutin dann auch fest, daß er konsequent den Gegenstand in der einen Hand fallen läßt, wenn man ihm einen weiteren in die andere Hand gibt. Laut «Tabelle» kann ein Kind schon mit zehn Monaten zwei Gegenstände gleichzeitig festhalten und aneinanderklopfen. Wie klein erscheinen doch diese Entwicklungsschritte, und wie schwerwiegend sind die Folgen, wenn sie jahrelang fehlen.

Wir hofften, die Zerreißleidenschaft unseres Sohnes dadurch einzudämmen, indem wir ihn diese Beschäftigung genügend ausleben ließen. Wir gaben ihm Hefte, Zeitungen und Kataloge zum Zerreißen. Die Folge war, daß der Boden der Wohnung ständig mit Papierresten bedeckt war. Wir hatten keine andere Möglichkeit, als immer wieder den Wäschekorb zu nehmen, alles Papier hineinzuwerfen und – ab in die Mülltonne damit. Beide sind wir nicht gerade empfindlich in punkto Unordnung, aber dieses Chaos hat uns doch oft zur Verzweiflung gebracht. Auch heute noch – er wird demnächst sechs Jahre alt – zerreißt er gern Papier, aber wir geben ihm jetzt nicht mehr so viel wie früher. Verschärft wurde und wird das Ganze noch dadurch, daß wir beide gern lesen. Da konnte Frank noch so mit seinem Papiermaterial eingedeckt sein, nahm einer von uns eine Zeitung in die Hand, war er sofort zur Stelle und wollte genau diese haben! Wenn man ihn ruhig und freundlich auf seine Zeitungen verwies, schien er das überhaupt nicht zu hören, jahrelang ging er nie darauf ein. Er brüllte und tobte, dann fing er an, sich gegen den Kopf zu schlagen. Viel zu lange habe wir uns durch dieses Verhalten verunsichern lassen, weil niemand uns sagte, wie man mit solchen Erziehungsschwierigkeiten fertig wird. Ich reagierte mal so, mal so, oft habe ich ihn angebrüllt, weil ich mich nicht von ihm beherrschen lassen wollte. Sein Mißtrauen gegenüber neuen Speisen habe ich schon erwähnt. Auch heute macht er das manchmal noch: Wir sitzen am Tisch und essen irgend etwas, das er noch nicht kennt. Plötzlich steht er vor mir und verlangt danach. Ich führe einen kleinen Löffel der Speise zu seinem Mund, aber er dreht seinen Kopf angewidert zur Seite und läuft davon. Dann lege ich den Löffel wieder hin, Frank verlangt von neuem eine Kostprobe – und das Spiel beginnt von vorn. Nachdem ich gesagt habe, daß er jetzt nichts mehr bekommt, fängt er an zu schreien und sich zu schlagen. Wir erkannten, daß es keinen Sinn hat, mehr als einmal darauf einzugehen. Unser Sohn tobte fürchterlich. In letzter Zeit machen wir es so, daß wir ihm den ersehnten «Happen» hinlegen, so daß er sich selbst bedienen kann.

Neben dem Zerreißen hatte und hat er auch heute noch eine weitere Lieblingsbeschäftigung: Er nimmt einen Rührlöffel, den er den ganzen Tag mit sich herumträgt, und beklopft seine herausgestreckte Zunge damit. Eine für uns völlig sinnlose Beschäftigung, doch wenn wir den Löffel versteckten, geriet Frank völlig außer sich. Wir mußten ihn ihm wieder zurückgeben. Bald merkten wir, daß Frank sich um so mehr in seine seltsamen Verhaltensweisen hineinsteigerte, je mehr wir ihn davon abzubringen versuchten. Er war für jegliche Beeinflussung unzugänglich, oft hatten wir das Gefühl, daß er in seiner eigenen Welt lebt, mit uns völlig unverständlichen Gepflogenheiten. Dann zeigte er eine Vorliebe für Puppen, wir freuten uns, aber diese Freude war verfrüht! Er sah Puppen nicht als menschenähnliche Gebilde an, schon gar nicht probierte er, mit ihnen Rollenspiele zu machen. Er benutzte sie wie seinen Rührlöffel: Um sich damit die Zunge zu beklopfen bzw. um sie abzulecken. Immer hatte man dabei das Gefühl, daß er unter einem inneren Zwang handelt, von dem er nicht loszukommen schien. Alle diese Verhaltensweisen gaben uns doch zu denken, aber wir konnten sie nur als «seltsame Gewohnheiten» beiseite schieben. Nicht im Traum haben wir daran gedacht, daß eine geistige Behinderung sich derart äußern könnte. Schon im ersten Lebensjahr hatte Frank eine – diesmal tatsächlich harmlose – Gewohnheit: Er liebte glatte Flächen, und wenn er mit einer in Berührung kam, strich er blitzschnell darüber, wobei er ständig abwechselnd alle Finger ausstreckte und zur Faust ballte, so daß ein raschelndes Geräusch entstand. Die Ärzte haben mit uns darüber geschmunzelt. Im zweiten Lebensjahr sagte die Krankengymnastin: «Immer diese Stereotypien (ständiges Wiederholen einer Bewegung) . . .»

Lange Zeit hatte Frank auch Schlafstörungen. Er wachte immer wieder zur gleichen Zeit auf und schlug dann mit dem Kopf gegen das Bett. Auch wenn sein Mittagsschlaf vorüber war, tat er dies regelmäßig. Kaum war er aufgewacht, schon ging das Toben los. Wie habe ich mir gewünscht, daß er einmal beim Aufwachen «Mama» ruft, anstatt gleich zu toben und zu schreien! Viel lieber wäre ich dann in sein Zimmer gegangen. Er tat es nicht, obwohl er das Wort sagen konnte. Ich hatte damals das Gefühl, daß er sich wehrt, vom Schlaf in die Wirklichkeit zurückgeholt zu werden. Auch auf meinen Trost hin beruhigte er sich nur sehr langsam.

Die Krankengymnastin empfahl mir, mit ihm gezielt zu spielen. Ich sollte seinen Lastwagen mit Klötzchen beladen und versuchen, ihn dazu zu bringen, das gleiche zu tun. Er war damals achtzehn Monate alt. Frank war in keiner Weise an dieser Betätigung interessiert, er schaute nicht einmal richtig zu, sondern krabbelte kichernd davon. Ich gab mir unendlich Mühe, ihn dafür zu begeistern, aber er zog nicht mit. Ich versuchte behutsam, seine Hand beim Einräumen zu führen, aber er sträubte sich und wurde zornig. Wieder mal war ich am Ende meiner Kraft, ich mußte mir eingestehen, daß alle meine Mühe vergeblich war. Wieder mal begann ich an meinen Fähigkeiten zu zweifeln: Warum schaffte ich nicht, was unzählige andere Mütter schaffen? Warum nur war Frank so egozentrisch? Bis dahin hatte mir noch niemand ein klares Wort gesagt, und so konnte ich mir nur eines zusammenreimen: Er hat noch nicht genügend Vertrauen zu mir, ich muß ihm Zeit lassen, dann wird bestimmt alles gut . . . Ich war so enttäuscht, daß ich mich innerlich von Frank etwas zurückzog, ich spürte, eine weitere derartige Schlappe würde ich nicht so bald wieder verkraften. Ich dachte, wenn ich ihn in Ruhe lasse, wird er bestimmt bald von selbst kommen. Das ging so weit, daß ich sein exzessives «Gegegenstände umherstreuen» hinnahm wie einen schweren Schicksalsschlag, und mich darauf beschränkte, ihm seufzend hinterherzuräumen, dabei kam ich mir vor wie ein «Hanswurst»! Ich war einfach völlig ratlos. Meine damalige gesellschaftliche Isolierung tat ein übriges, daß ich jede Hoffnung, in Franks Verhalten irgend etwas ändern zu können, aufgab.

Freilich – er war ein süßer Kerl, und ich liebte ihn auch. Genauso viel wie er tobte, so viel lachte er, auch heute hat er noch recht starke Stimmungsschwankungen. Er kann herzlich lachen, aber genauso lösen Kleinigkeiten Zornesausbrüche aus. Ich hatte ihn furchtbar gern, aber es fehlte etwas. Liebe bedeutet doch hauptsächlich aufeinander eingehen, immer wieder auf den Partner reagieren, sich mit ihm auseinanderzusetzen. Das kann auch schon ein Säugling. Frank konnte das nur sehr bedingt. Es fehlte ihm ein wichtiger Grundstock, nämlich Beobachtungsgabe und Nachahmungsbereitschaft. Er fand es ganz lustig, daß ich dies oder jenes mache, aber er ging nicht darauf ein, er konnte es nicht. Er krabbelte lachend davon, und beschäftigte sich wieder mit seinen «Spielen». Er konnte keinen sich bewegenden Gegenstand mit den Augen verfolgen, deshalb war das Aus- und Einräumen uninteressant. Er konnte seine Augen nicht auf meine Mundbewegungen konzentrieren, deshalb lernte er jahrelang nicht das Nachsprechen. Langsam begriff ich, daß schon das Ein- und Ausräumen eine Überforderung für ihn war. Für die Gymnastikübungen hatte ich einen großen Ball gekauft. Ich setzte mich in nicht allzu großer Entfernung vor ihm hin und begann, den Ball zu ihm zu schubsen. Dabei achtete ich darauf, daß er den Weg des Balls mit den Augen verfolgt. Anfangs hat ihn das nur ungeheuer belustigt, er ist ständig lachend davongekrabbelt. Mit der Zeit lernte er dann auch, den Ball mal zurückzuschubsen, aber immer nur, wenn er wollte und dann auch nur kurzzeitig. Unsere Beziehung war eine einseitige Angelegenheit, ich fühlte mich überfordert. Frank verlangte Aufmerksamkeit, aber er zeigte keinerlei Interesse daran, mit mir in einen noch so primitiven spielerischen Dialog zu treten. Sah er mich überhaupt als Mensch mit Gefühlen und Bedürfnissen an? Unbewußt zweifelte ich manchmal daran. Wenn ich aus Verzweiflung über meine Situation weinte, dann verstand er das nicht – er lachte darüber. Nur wenn ich «auf seine Ebene hinunterging», wenn ich ebenfalls herumkrabbelte, mit ihm herumtollte, dann war seine Freude übergroß. Er juchzte und gluckste, ja – seine Ausgelassenheit ist in solchen Situationen so groß, daß er jede Kontrolle über seine Bewegungen verliert. Wir müssen dann aufpassen, daß er uns nicht beißt oder anders weh tut.

Frank freute sich, wenn ich seine seltsamen Handlungen nachahmte. Er wiederholte sie dann ebenfalls wieder, und das brachte mich dann auf die Idee, ihn über dieses Nachahmen seiner Handlungen langsam zum sinnvollen Spielen zu bringen. Es klappte damals noch lange nicht. Ich mußte wieder aufgeben, weil diese Versuche nur Enttäuschungen ergaben. Ich hatte eine fürchterliche Wut und einen Haß auf seine «Stereotypien», manchmal habe ich sie vor Zorn nachgeahmt, und das fand der kleine Kerl auch noch witzig! Er kicherte und widmete sich jetzt noch konzentrierter dieser Betätigung. Wenn ich schimpfte, schaute er mich für einen Moment gebannt und fasziniert an, so als wolle er fragen: «Was hat die eigentlich?» Dann machte er ungerührt weiter. Ich registrierte irgendwo, daß jede negative Reaktion meinerseits die Sache verschlimmerte, ich mußte lernen, so gut wie möglich damit zu leben – aber wie? Es war die Zeit, als es zwischen mir und Martin kriselte, weil ich von ihm erwartete, daß er mich aus meiner Isolation «herausführt». Das hat sich natürlich zusätzlich verschärfend auf die Beziehung zwischen mir und Frank ausgewirkt. Als ich dann mit Müttern gesunder Kleinkinder zusammentraf, habe ich mich immer wieder gewundert, daß diese – obwohl gesellschaftlich doch auch isoliert – so zufrieden mit ihrer Situation waren. Ich hatte nur eine Erklärung: Die Fortschritte des Kindes stellten einen Ausgleich dafür dar.

Erst als Frank zwei Jahre alt war, habe ich die ersten Versuche in Richtung Sauberkeitserziehung unternommen. Sie waren katastrophal. Er wehrte sich fürchterlich gegen den Topf, machte sich so steif, daß ich kaum dagegen ankam. Immer wieder habe ich es probiert und mußte froh sein, wenn er ganz kurz sitzen blieb. Zwischendurch habe ich es zeitweise auch wieder aufgegeben, weil es keinen Sinn hatte. Am ehesten hielt er es noch aus, wenn er «bedient» wurde, wenn man ihm genügend Papier zum Zerreißen gab und einen Rührlöffel zum Klopfen. Dann kam es vor, daß er demonstrativ sein Material hinwarf, brüllte und sich schlug, bis er es wieder bekam. Wir hatten seinen Topf auf einen Stuhl gestellt, weil er sonst ständig aufgestanden wäre. Bis zu seinem vierten Lebensjahr war nie ein Sauberkeitserfolg zu verzeichnen. Dann, mit fünf Jahren, ausgerechnet bei einer anstrengenden Tagung für Eltern mit geistig behinderten Kindern, wurde er tagsüber «trokken». Den Stuhlgang kann er allerdings auch heute noch nicht zurückhalten.

Tatsächlich macht Frank den Eindruck eines kleinen «Familientyrannen», und das war auch lange und ist er auch heute noch manchmal. Man sagt ja, daß solche Kinder hauptsächlich verwöhnte Kinder sind, und da ist auch etwas Wahres dran. Eine Mutter, die jeder Regung des Kindes nachgibt, ihm jeden Wunsch erfüllt, ihm gegenüber keine Persönlichkeitsrechte beansprucht, erzieht ihr Kind zum Tyrannen. Das wußte ich, und dieser Eindruck beschämte mich. Ich wollte nicht den Eindruck einer hilflosen, «versklavten» Mutter machen. Ich wehrte mich dagegen, aber ich tat dies nicht sehr konsequent, und ich hatte verständlicherweise Angst vor seinen Autoaggressionen, was dazu führte, daß ich doch immer wieder nachgab. Mal blieb ich stur und mal gab ich nach, und wenn ich stur blieb, hatte ich ein schlechtes Gewissen dabei, das Frank sofort erspürte. Dann setzte er wieder alles daran, daß ich «umfalle», mit den bereits geschilderten Mitteln. Es war ein Teufelskreis ohne Ende, aus dem ich erst dann heraus kam, als ich die Verhaltenstherapie kennenlernte und als ich Außenkontakte bekommen hatte.

Als ich begonnen hatte, mich Martin gegenüber als eigenständige Persönlichkeit zu sehen und zu behaupten, wirkte sich das auch auf meine Beziehung zu Frank aus. Ich beschäftigte mich regelmäßig mit ihm, aber ich las auch zwischendurch und in seiner Gegenwart etwas, was mich interessierte. Ich ließ nicht mehr so schnell ein schlechtes Gewissen aufkommen, wenn er dann durch Toben, Schreien und Schlagen auf sich aufmerksam zu machen versuchte. Lange Zeit hat es schlimme Szenen dabei gegeben, weil Frank alle möglichen Taktiken erfand, um ständig im Mittelpunkt zu sein. Ich hoffte, daß er irgendwann einmal begreifen würde, daß ich mich ihm viel ehrlicher, direkter und liebevoller zuwenden kann, wenn ich mich zwischendurch auch eigenen Interessen widme. Schlimm wurden solche Anfälle auch, wenn wir Erwachsenen uns angeregt unterhielten. Das ist auch heute noch oft so. In derartigen Situationen beschleicht mich immer das Gefühl, daß er merkt, daß er an so vielem in unserer Welt nicht teilhaben kann. Ein nichtbehindertes sechsjähriges Kind versteht zwar auch nicht alles einer Erwachsenenunterhaltung, aber es kann doch wenigstens gezielt Fragen stellen, es hat ganz andere Möglichkeiten, sein Bedürfnis nach Selbstbestätigung durchzusetzen. Es fällt verdammt schwer, in solchen Momenten auf sein Niveau hinunterzusteigen, ihm Achtung entgegenzubringen, bevor der große Ausbruch da ist. Das heißt nicht, daß wir uns jede Unterhaltung von dem Kleinen zunichte machen lassen; ich versuche, ihm in verständnisvollem Ton zu erklären, daß wir uns jetzt ohne ihn unterhalten wollen.

Mit neun Monaten konnte Frank die ersten «Babywörter» sprechen. Wir waren sehr stolz, weil dieser Schritt nach Aussage der Ärzte «fast der Norm» entsprach. Doch dann blieb er in seiner Sprachentwicklung stehen. Wir freuten uns so sehr über diese paar Wörter, daß wir den Stillstand lange nicht richtig wahrgenommen haben. So unmöglich es für ihn war, einfache Handlungen von uns zu beobachten und nachzuahmen, so wenig konnte er unsere Worte nachsprechen, ja – er zeigte keinerlei Bereitschaft, es zu probieren. Mit zwei Jahren konnte er ungefähr zehn Babywörter sprechen und diese auch richtig anwenden. Allerdings war sein Sprachverständnis bedeutend besser. Er konnte einige Gegenstände auf Aufforderung aus dem anderen Zimmer holen, obwohl er sie noch nicht benennen konnte.

Reaktionen der Umwelt

Die Beziehungen zur Umwelt waren besonders schwierig, solange wir nicht wußten, was wirklich mit Frank los war. Ich war verunsichert und deprimiert, weil in mir immer wieder der Gedanke hochkam, daß irgend etwas in meinem Verhalten zu seinem unverständlichen Benehmen geführt hat. Dieses latent vorhandene Schuldgefühl war unter anderem der Grund dafür, daß ich mich von den Müttern aus der Nachbarschaft absonderte, die «stolze Unnahbare» spielte, obwohl ich mich dabei innerlich sehr schlecht fühlte.

Natürlich fällt im ersten Lebensjahr der Entwicklungsrückstand eines Kindes in der Öffentlichkeit noch nicht auf. Frank war etwas länger im Kinderwagen, im Sportwagen mußte ich das Kopfteil noch eine Weile flach einstellen, weil Frank erst mit einem Jahr frei sitzen lernte. Wenn ich damals einkaufen ging, hatte ich es noch einfach: Ich konnte den Sportwagen, wie alle Mütter, vor dem Geschäft stehen lassen, Frank war sowieso angebunden, und er gab sich damit zufrieden, irgendein Spielzeug in den Mund zu stecken. Im zweiten Lebensjahr war er in dieser Hinsicht sogar beinahe «braver» als andere Kinder: Er vermißte mich nicht, genauso wie er zu Hause in irgendeiner Ecke seinem Treiben nachging, ohne nach mir zu verlangen. Doch dann wurde es immer schwieriger. Er wollte nicht mehr im Wagen sitzen bleiben, wobei ich eher das Gefühl hatte, daß die Langeweile Ursache dafür war, als sein Verlangen nach mir. Damals habe ich noch viel mit dem Auto erledigt, weil Martin mit dem Bus zur Arbeit fuhr. Auch im Auto wollte er nicht sitzen bleiben, ich nahm ihn also mit ins Geschäft. Mit dem Laufen war er noch recht unsicher, ich mußte ihn auf dem Arm halten, und damit fingen die Probleme an. Er zappelte so heftig umher, daß ich beim Bezahlen arg behindert war. Wenn ich ihn für einen kurzen Moment auf den Boden stellte, krabbelte er in alle Ecken, um sich etwas Interessantes zu nehmen. Oft kam es auch vor, daß er blitzschnell hinter dem Ladentisch verschwand, ich in panischer Eile hinterher! Geärgert hat mich dabei immer, daß keine Verkäuferin mal auf die Idee kam, sich dem Kleinen in den Weg zu stellen, selbst wenn Frank dicht an ihr vorbeikrabbelte. Die Hilflosigkeit meiner Situation beim Bezahlen und ohne eine freie Hand, den Kleinen einzufangen, veranlaßte niemanden, mir irgendwie zu helfen. Ich erntete nur erstauntes Schweigen. Wie habe ich die anderen Mütter beneidet, die ihre Kinder stehen ließen – und die blieben auch tatsächlich da stehen und besahen sich den Kaufvorgang aufmerksam! Und wenn sie ein paar Schritte wagten und die Mütter beorderten sie zurück: Dann hörten sie das auch und folgten! Ich begriff das einfach nicht, ich mußte doch das Gefühl bekommen, als Mutter zu versagen, während andere «Supermütter» sind. Von den Geschäftsleuten und den anderen Müttern sah ich oft mitleidige, irritierte

Blicke, die mich noch mehr verunsicherten und beschämten. Dann kamen Franks Tobsuchtsanfälle, und der Gang in die Öffentlichkeit wurde noch steiniger. Frank begann mich auch draußen zu tyrannisieren, zum Beispiel wenn ich aus irgendeinem Grund mit dem Sportwagen stehenblieb, wenn wir im Geschäft warten mußten. In diesen Momenten fing doch tatsächlich dieses zartgliedrige, winzige Kerlchen mit einer nie geahnten Kraft und Schnelligkeit an, gegen seine Schläfen zu schlagen. Gleichzeitig brüllte er, daß wohl kaum jemand sein Treiben übersehen konnte . . . Schon zu Hause hatte ich Schwierigkeiten, ihn in solchen Augenblicken nicht total zu verdammen und aufzugeben, hier in der Öffentlichkeit wurde es nur noch schwerer. Die Umstehenden zeigten entrüstete und schockierte Gesichter, den stechenden Blick einer Verkäuferin in der Bäckerei werde ich nie vergessen! Der Gang in die Öffentlichkeit wurde zu einem regelrechten «Spießrutenlaufen»; ich kam mir wie an den Pranger gestellt vor, wie eine «Sünderin» – und ich konnte mich nicht dagegen wehren, ich wußte ja nicht, was mit ihm los war. Ich hatte das Gefühl, daß alle mich als «Rabenmutter» abstempeln, und das führte dazu, daß ich mich noch mehr gegenüber der Umgebung abschloß. Wir hatten damals noch kein Telefon, und so blieb mir nichts anderes übrig, als zur Post zu fahren, wenn ich mit meiner Schwester oder meiner einzigen Freundin sprechen wollte. Wenn ich Frank mit in die Telefonzelle hineinnahm, kroch er in alle Ecken, schleckte die unhygienische Einrichtung ab . . . Ich nahm also ein paarmal das Risiko auf mich, ihn im Autositz zu lassen, auch wenn ich wußte, was passiert. Einmal ist dabei ein Mann an der Zellentür erschienen, der mir sehr erregt und in gebrochenem Deutsch verständlich machte, was mit Frank los ist. Vor Wut kochend raste ich hinaus und fuhr weg . . .

Frank war zweieinhalb Jahre alt, als wir endgültig Bescheid wußten, daß er geistig behindert ist. Von da an habe ich mich in der Öffentlichkeit nicht mehr so sehr durch sein Verhalten irritieren lassen; die nähere Umgebung habe ich über die Behinderung aufgeklärt. Es war jene Zeit, als ich auch angefangen hatte, meine Isolation zu überwinden, zuerst durch den Kurs in der Familienbildungsstätte, dann durch meine Mitarbei in der Juso-Gruppe. Die Reaktionen auf meine Aufklärung waren genauso unbefriedigend wie vorher, sie reichten von ungläubiger Beschwichtigung bis zu der suggestiven Aussage: «Das Kind ist doch nicht dumm.»

Eine Nachbarin, die mit im Haus wohnte, half mir ein bißchen über diese Zeit hinweg. Sie tröstete mich, bestärkte mich aber in der Ansicht, daß sich das alles bald geben würde. Ihre beiden Kleinkinder kamen immer wieder in unsere Wohnung, sie trugen Frank im Waschkorb herum, weinten, wenn er ihre «Bauwerke» zerstörte – kurzum, es gab Lachen und Streit wie in jeder Kindergruppe, auch war der Entwicklungsunterschied zwischen ihm und den beiden noch nicht so groß wie heute. Als Frank dann endlich frei laufen konnte, hat Martin oft mit ihm Fußmärsche unternommen. Im Ort selbst war das zu gefährlich, Frank sträubte sich gegen das Händefassen und wollte in alle Himmelsrichtungen gehen. Glücklicherweise wohnten wir am Ortsrand, so konnte Martin mit ihm auf ungefährlichen Feldwegen gehen. Bald stellte sich aber heraus, daß Frank hierbei auch immer schlechter zu haben war; immer wenn etwas für ihn nicht mehr neu war, wurde es uninteressant für ihn und er verhielt sich wieder extrem unkooperativ. Oft haben wir im Spaß gesagt: «Frank würde sich am liebsten ‹aufteilen›, wobei jedes Teil sich in einer entgegengesetzten Ecke nervös zu schaffen macht.» Irgend etwas mußte ihn bei jeder Berührung mit der Umwelt in Panik bringen, aber wir wußten nicht was.

Meine Schwiegereltern wehrten sich besonders dagegen, daß Frank so anders als andere Kinder war. Einmal in der Woche, am Samstag, nahmen sie ihn zu sich; erst stundenweise und später dann den ganzen Tag. Für sie war und ist er so etwas wie ein kleiner «Star». Man merkte es von Anfang an: Sie hatten große Erwartungen in ihn gesetzt, daß er genauso ein braves und überangepaßtes Kind wird, wie sein Vater es war. Ich glaube, Frank spürte diese übermäßige Erwartungshaltung – denn er benahm sich ihnen gegenüber tatsächlich auch ganz anders. Nicht genug, daß unser Selbstvertrauen durch all den Kummer sowieso schon auf den Nullpunkt gesunken war, jetzt bekamen wir laufend von dieser Seite auch noch zu hören, Frank sei in Wirklichkeit ja sehr brav . . . Eine Rolle haben da natürlich auch die unterschiedlichen Erziehungsauffassungen gespielt. Ich wollte Frank «repressionsarm» erziehen, das heißt, ich wollte trotz aller Niederlagen eine positive Grundhaltung ihm gegenüber behalten, schon gar nicht «absoluten Gehorsam» von ihm verlangen, ihm Zeit lassen, zu mir Vertrauen zu finden und ihn vor allem zu nichts zu zwingen. Meine Schwiegereltern dagegen sahen den Gehorsam als wichtig an und hatten zu meiner Bestürzung auch noch Erfolg damit! Wenn wir Frank abholten, mußten wir uns anhören, wie «brav» er doch gewesen sei, und daß es doch nicht so schlimm sein könne. Im Anschluß daran bei uns zu Hause hat sich Frank dann besonders unruhig und nervös aufgeführt, man hatte den Eindruck, daß alles, was sich in den paar Stunden an Unruhe und Aggression angesammelt hatte, jetzt auf einmal hervorbrach. Ich sagte zu ihnen, sie sollen ihn mal für mindestens eine Woche zu sich nehmen, dann würden sie ihn besser kennenlernen. Das wurde jedoch bis auf den heutigen Tag abgelehnt. Ich glaube, sie ahnten insgeheim, daß sie dann der Wahrheit ins Gesicht sehen müssen, einer Wahrheit, die ihnen besonders schwerfällt, weil Martin als Kind doch so brav, gescheit, still, bescheiden, höflich, überangepaßt und schüchtern war. Solche Kategorien sind für ein geistig behindertes Kind ziemlich nutzlos. Wir haben dann die Lobeshymnen auf Franks Benehmen über uns ergehen lassen, ohne sonderlich darauf zu reagieren. Martin wollte überhaupt nichts mehr dazu sagen, weil es sowieso niemand glaubt.

Das war tatsächlich unser Hauptproblem: Niemand glaubte, was wir erzählten; wir standen vor einer Wand fragender, ungläubiger und beschwichtigender Gesichter. Auch die Nachbarin im Haus konnte mir nicht so recht glauben, obwohl sie sich Mühe gab, meine Schilderungen ernst zu nehmen. Als Frank drei Jahre alt war, lud mich meine Freundin für ein paar Tage nach Lübeck ein. Der Gedanke war verlockend: Einmal ein paar Tage ohne den ständigen Wickel-, Umkleide- und Fütterstress! Einmal alle diese Sorgen abschütteln können, wieder richtig «frei» sein. Wieder mal zu mir selbst kommen können. Aber wo sollte ich Frank unterbringen? Auf die Schwiegereltern konnte ich nicht rechnen. Vorsichtig erklärte ich Martin meinen Plan und fragte, ob er zwei Tage Urlaub nehmen könne. Er war entrüstet darüber, versuchte mir dieses Vorhaben auszureden. Meine Kontaktaufnahme zu der Juso-Gruppe hatte er gerade noch verkraftet, aber das war zu viel. Urlaub zu nehmen, kam für ihn überhaupt nicht in Frage, obwohl ich es ihm schon mehrere Wochen vorher gesagt hatte. Ich probierte eine allerletzte Möglichkeit: Ich fragte die Nachbarin, ob sie Frank Freitag und Montag nehmen würde – sie willigte ein. Ich besorgte für Martin ein paar Dosen Fertiggerichte und packte mit klopfendem Herzen mein Köfferchen. Am Abend vorher begann Martin einen fürchterlichen Krach, ich war total fertig. Ich war so kaputt, daß ich am nächsten Morgen die Wohnung vor lauter Schuldgefühlen mehr schlecht als recht in Ordnung bringen konnte. Absagen konnte und wollte ich die Sache nicht mehr, meine Freundin hatte bereits Urlaub genommen. So bin ich ohne «seine Erlaubnis» losgefahren, zehn Stunden auf der Autobahn, und je weiter ich mich von zu Hause entfernte, desto besser fühlte ich mich!

Das verlängerte Wochenende war herrlich. Gleich am Samstagmorgen habe ich bei der Nachbarin angerufen und sie gebeten, Martin auszurichten, daß wir gut angekommen sind. Warum müssen Mütter so unglaublich viele Hürden überwinden, wenn sie mal ein paar Tage Ruhe vor den Kindern haben wollen? Der Wunsch ist mehr als berechtigt, vor allem Mütter von kleinen Kindern, ob behindert oder nicht, müssen rund um die Uhr «verfügbar» sein. Das ist mit der Situation eines Vaters nicht vergleichbar, der am Feierabend seinen Arbeitsplatz verläßt, abschaltet, sich an den gedeckten Tisch setzt und dann den Fernsehapparat einschaltet. Hausfrauen können zwar mal tagsüber eine Ruhepause einlegen, aber dafür müssen sie abends büßen.

Als ich nach meiner Reise zurückkehrte, war Martin ein paar Tage bitterböse und sprach kaum ein Wort mit mir. Tapfer kämpfte ich dagegen an, mich als «Rabenmutter» zu fühlen, ich widmete mich wieder

Kind, Haushalt und Politik und beachtete sein Verhalten nicht sonderlich. Natürlich kamen jetzt Vorwürfe, ich hätte vor meiner Abreise «alles stehen- und liegenlassen», einen chaotischen Haushalt hinterlassen. Entrüstet erklärte ich ihm, daß das nicht passiert wäre, wenn er nicht am Abend vorher einen solchen Krach gemacht hätte! Wie nicht anders zu erwarten, war er an dem Wochenende mit Frank gut zurechtgekommen, das Mittagessen haben sie bei seinen Eltern eingenommen. Von der Nachbarin erfuhr ich, daß Frank sich am ersten Tag zufriedenstellend verhalten hatte, doch am Montag hätte er mehrmals fürchterlich gebrüllt und getobt. Sie meinte, daß sie das doch recht schockiert hat, erst jetzt könne sie mich richtig verstehen! Sie hatte alles Erdenkliche versucht, um Frank zu seinem Mittagsschlaf zu verhelfen, doch er hatte sich immer mehr in sein Toben hineingesteigert. Irgendwie hat mir das gutgetan, endlich wurde mir mal von außen bestätigt, daß er tatsächlich und nicht nur in meiner Einbildung ein sehr schwieriges Kind ist! Endlich fühlte ich so etwas wie Verständnis und auch Achtung vor meiner Leistung.

Wenn ich mit Frank auf die Straße ging, war es immer dasselbe: Ich hatte solche Mühe, ihn daran zu hindern, sich loszureißen, ihn zum Weitergehen an gefährlichen Stellen zu bringen, daß ich kaum Zeit hatte, auf andere Mütter und Kinder zu achten oder gar mit ihnen ins Gespräch zu kommen. Blieb ich stehen und sprach mit einer Mutter, dann verhielt sich Frank fürchterlich, weil er sich dann nicht frei bewegen konnte. In diesem Bereich resignierte ich und behielt meine Sonderstellung zu den Müttern der Umgebung. Ich freute mich auf die Abende, wo ich mich ungestört mit Bekannten unterhalten konnte, ohne einen tobenden Frank daneben. Hin und wieder ging ich mit ihm auf die Straße zu den spielenden Kindern, damit er sich an sie gewöhnt und umgekehrt. Zuerst hielten sich die Kinder etwas zurück, dann kamen sie näher und stellten Fragen über Frank. Ich erklärte ihnen ernst, daß er zweimal schwer krank gewesen ist und deshalb nicht so gut lernen kann wie sie. Bald war das Eis gebrochen, und sie machten Späße mit ihm. Ich mußte zwar immer auf der Hut sein, wenn Frank zum Beispiel vor lauter Übermut einem Kind weh tat, ohne es zu wollen, dann mußte ich eben ausgleichen. Er hat einen starken Drang zum Weglaufen, ich muß ihm also immer hinterherrennen. Wir wohnten damals zwar im letzten Haus einer Sackgasse, trotzdem mußte man damit rechnen, daß einer der Anwohner um die Ecke gefahren kommt. Das «Hinterherrennen» war eine mühselige Angelegenheit, aber der Erfolg gab mir recht. Die Kinder haben Frank akzeptiert, weil sie gespürt haben, daß ich ihn akzeptiere. Mütter waren in solchen Momenten weit und breit nicht zu sehen. Oft hatte ich das Gefühl, sie waren ganz froh, wenn ich nach dem Einkaufen mit Frank im Sportwagen möglichst schnell an ihnen vorbeiging. Oder redete ich mir das ein? Hätte ich mehr auf sie zugehen sollen? Wenn ich mit Frank auf die Straße ging, dann waren die Kinder erstaunt über sein seltsames Benehmen, aber sie gewöhnten sich daran, sie haben sich teilweise erstaunlich schnell auf ihn eingestellt. Frank kann es manchmal passieren, daß er infolge seiner überschäumenden Freude sein Gegenüber derart mit den Händen packt, daß es weh tut. Das kommt daher, weil seine Fähigkeit, differenzierte Handbewegungen auszuführen, sehr begrenzt ist. Besonders in Belastungssituationen, also bei übergroßer Freude oder Ärger, verliert er die Feinkontrolle über seine Hände noch mehr. Wir kennen das und verhalten uns dementsprechend, das heißt, wir verwarnen ihn strikt, und lösen seine Hände aus der Umklammerung. Die Kinder auf der Straße kennen das nicht, daß ein Kind aus vollem Hals lacht und gleichzeitig dabei einem anderen Kind weh tut. Unbekanntes löst Angst aus, und diese Angst spürt Frank wiederum, worauf er noch schlimmer zupackt. Immer, wenn Frank mit nichtbehinderten Kindern zusammengekommen ist, fiel mir das auf: Sie bekamen Angst, wenn Frank sie ein bißchen grob anfaßte, aber sie wehrten sich nicht, sie blieben wie erstarrt stehen. Ich erklärte ihnen, daß sie sich angemessen wehren sollen, wenn er ihnen weh tut, wir machen das ja schließlich auch! Einem behinderten Kind ist nicht geholfen, wenn man es schont, von allen menschlichen Reaktionen fernhält. Die Kinder begriffen das nach meiner Vermittlung auch schnell. Ich merkte, daß hierin eine große Chance liegt: Nichtbehinderte Kinder mit behinderten in Kontakt zu bringen, ihnen die Möglichkeit zu geben, nicht nur das Trennende, sondern auch das Verbindende herauszufinden. Zwei Jungen aus der Nachbarschaft konnten das besonders gut. Wenn sie Frank sahen, ahmte sie seine Schnalzlaute nach und spielten «Fangen» mit ihm, wenn er in überschwenglicher Freude sie einzuholen versuchte.

Wenn irgendwo eine Eingangstür offenstand oder sich öffnete, setzte Frank alles daran, um hineinzukommen, dabei ging er mit einer ungeheuren Schnelligkeit vor. Trafen wir auf eine dort wohnende Mutter, so wurde oft gesagt, das würde doch nichts ausmachen, wenn der Kleine in die Wohnung rennt. So höflich das im Moment gemeint ist – meine Situation wird dadurch noch unerträglicher! Ein Kind, das auf der Straße sowieso nichts hört, keinerlei Verhaltensgrenzen kennt, das wird sich durch solche Reaktionen Fremder in seinem Benehmen bestätigt fühlen. Es wird beim nächstenmal noch weniger auf die Mutter hören. Das sind die Momente, wo ich mich am schlechtesten fühle, wo meine mühsamen Versuche, das Kind an unumgängliche Regeln zu gewöhnen, sozusagen von außen boykottiert werden. Schmerzhaft ist auch, daß ich ja genau weiß, daß diese «Das-macht-doch-gar-nichts»-Reaktion nicht ehrlich ist. Schon ein gesundes Kind wird durch gegensätzliche Reaktionen der Erwachsenen stark verunsichert, wie viel mehr dann ein behindertes. Die Umwelt hilft uns Müttern also am ehesten, wenn sie unser erzieherisches Verhalten anerkennt; falsch verstandene Höflichkeit schadet nur. Eine Rolle für das Verhalten der Erwachsenen mag dabei auch gespielt haben, daß Frank weitaus jünger aussieht als seinem Alter entsprechend; er ist sehr zart und schmächtig.

Ich muß zugeben, daß ich mich mit Frank in einer Kindergruppe wohler gefühlt habe als im Beisein einer anderen Mutter, von wenigen Ausnahmen abgesehen. Oder habe ich vielleicht andere Mütter zu wenig unterrichtet über die Ausmaße seiner Behinderung? Ich glaube kaum. Wenn ich gefragt wurde, habe ich immer ausführlich Auskunft gegeben, aber ich wurde leider recht selten gefragt. Ich spürte, daß viele Menschen Angst haben, mich «auszufragen», ich glaube, sie befürchten, daß der Schmerz dabei zu groß für mich wird. Das stimmt nicht – eher ist das Gegenteil der Fall, es erleichtert, wenn man die Möglichkeit erhält, sachlich über die Probleme mit dem Kind zu sprechen. Behinderung bekommt dabei einen Stellenwert wie jede andere Krankheit auch, es haftet ihr nicht mehr das Fremdartige, Verschwiegene, beinahe Mystische an, das den Bejahungsprozeß der betroffenen Eltern so ungeheuer erschwert. Oft habe ich gehofft, daß auf meinen Hinweis «er ist geistig behindert» ein paar Fragen kommen – aber dem war meistens nicht so. Von selbst einen Vortrag anfangen, das will ich auch nicht, da sträubt sich etwas in mir dagegen.

Kinder unter fünf Jahren sind noch am unbefangensten. «Ist er behindert?» und – «Warum hat er so einen kleinen Kopf?» – fragen sie und geben mir damit die Möglichkeit, unbefangen Auskunft zu geben. Als Frank dann älter wurde und in den Kindergarten ging, bin ich nicht mehr so viel mit ihm auf die Straße gegangen. Die etwas älteren Kinder gingen schon in die Schule, der geistige Abstand zwischen ihnen und Frank vergrößerte sich mehr und mehr. Sie erschienen mir plötzlich ungeheuer «erwachsen»; ich hatte das Gefühl, daß sie nicht mehr für Blödeleien zu haben sind. Hatten sie sich schon so stark der Erwachsenenwelt angeglichen?

Als Frank vier Jahre alt war, zog in die Erdgeschoßwohnung eine Familie mit ihrem zweijährigen Töchterchen. Die Eltern erzählten uns, daß sie vom Vermieter unterrichtet worden waren, daß ein behindertes Kind im Haus wohnt und daß sie sich die Anmietung dann kurz überlegt hätten. Ich habe mich gefreut über die Ehrlichkeit des Ehepaars, aber ich spürte auch einen Stich in der Herzgegend über die Aussage: «Wir haben uns überlegt, in unmittelbarer Nähe eines behinderten Kindes zu wohnen.» Eigentlich wurde mir dabei wie sonst kaum richtig bewußt, daß Frank endgültig und für sein ganzes Leben behindert sein wird, wo diese Tatsache doch so viele Jahre von Ärzten und Verwandten ignoriert worden war. Daß irgend jemand zögern könnte, in die Nähe von Frank zu ziehen, darauf war ich überhaupt noch nicht gekommen! Der Vater der Familie sagte, er wäre von Franks Äußerem «angenehm überrascht» gewesen. Sind wir Gesunden denn alle «schön und makellos»?

Frank war oft in der Wohnung der Nachbarsfamilie; wir merkten, daß die beiden dann am ehesten miteinander auskamen, wenn wir sie nicht ängstlich überwachten, uns nicht ständig einmischten. Ich erklärte dem kleinen Mädchen, daß sie ihre empfindlichen Spielsachen aus dem Weg räumen soll, wenn Frank da ist. Es war rührend mitanzusehen, wie sie mit Frank «Mutter und Kind» zu spielen versuchte, wobei er ihr genausowenig gehorchte wie mir.

In der Familienbildungsstätte fand eine Gesprächsreihe für Eltern geistig behinderter Kinder und Eltern nichtbehinderter Kinder statt. Zu meiner Überraschung waren zwei Mütter gesunder Kinder und eine Kindergärtnerin gekommen, um sich über unsere Probleme zu informieren. Eine der Mütter, eine junge Französin, habe ich näher kennengelernt. Als ich sie mit Frank besuchte, passierte folgendes: Die Familie hatte eine Katze, und Frank geriet durch sie, wie nicht anders zu erwarten war, völlig aus dem Häuschen. Er raste in der fremden Wohnung hin und her, seine Hände krallten sich im Fell der Katze fest, und wir hatte alle Mühe, das Kätzchen vor ihm zu schützen. Die nette Französin machte den Vorschlag, daß wir alle zusammen in ihren Garten fahren, dort hätten die Kinder Auslauf und könnten sich austoben. Es war tatsächlich ein wunderschöner Garten, mit einer großen Wiese und einem Grillplatz. Auch Bäume waren da, die an jenem heißen Nachmittag Schatten spendeten, also ein Platz wie geschaffen für Kinder. Nicht so für Frank – die Sache mit der Katze war schon aufregend genug gewesen –, jetzt auch noch ein für ihn unbekanntes «Freigehege», wo man gar nicht so schnell eine Begrenzung fand! Ich spürte, daß das zuviel für ihn war, er drehte vollkommen durch. Der Eingang war zwar weit genug von der Grillstelle entfernt, doch Frank fand ihn, und dann stellte sich auch noch heraus, daß sich das Gartentor nicht ganz schließen ließ. Blitzschnell war er unseren Blicken entschwunden, und ich mußte mal wieder ständig laufen . . . Wenn ich ihn eingefangen hatte und drei Worte mit meiner Bekannten sprach, war er schon wieder weg. Innerhalb der großen Wiese befanden sich auch ein paar Frühbeete, Frank mußte ständig davon abgehalten werden, dort hineinzulaufen. Das Töchterchen der Familie versuchte, ihn für das Schaukeln zu begeistern, aber daran war er nicht interessiert. Frank war in einer solch panikartigen Anspannung, daß auch ich ihn kaum noch bändigen konnte. Wieder einmal war ich völlig verzweifelt, eigentlich hätte ich diese Situation doch vorausahnen können, wie konnte mir das nur passieren! Ich hatte mich so gefreut auf dieses Treffen, den schönen Garten und die nette Familie. Die junge Frau war, und das konnte ich ihr gut nachfühlen, recht erschrocken über dieses Verhalten. Ich verabschiedete mich dann bald von der Familie und fuhr deprimiert nach Hause. Warum mußte er sich derart aufführen, wenn eine Mutter von gesunden Kindern so überdurchschnittlich aufgeschlossen ist, warum gerade dann? Die Bekannte hat mich noch einmal mit ihrer Tochter besucht, danach sind sie leider weggezogen.

Meine Eltern entfernten sich mehr und mehr von Frank, man spürte es, obwohl sie nach außen hin gleichbleibend freundlich blieben. Wahrscheinlich haben wir ihnen gegenüber zu sehr unser Herz ausgeschüttet, haben nur die negativen Aspekte in Franks Verhalten hervorgehoben, weil niemand sonst unseren Erzählungen glaubte. Frank verhält sich bei ihnen auch heute noch so wie sonst überwiegend nur im «freien Raum»: Er läuft zwanghaft hin und her und im Kreis herum, nimmt sich alles, was er zu fassen bekommt, überhört alle Ermahnungen. Eine Ursache dafür ist auch, daß bei meinen Eltern meistens «die Bude voll ist», wenn wir sie besuchen, weil auch meine Geschwister mit Freund bzw. Ehemann da sind. Uns Erwachsene freut das natürlich, ein Kind wie Frank hat nicht die Nerven dazu. Jetzt gerät Frank genauso aus dem Häuschen, wenn sonst niemand da ist. Schon früher ist mir aufgefallen, daß sich bei ihm eine bestimmte Situation gekoppelt mit einem bestimmten Verhalten unwiderruflich im Gehirn «einprogrammieren» kann. Bestimmte Räume rufen immer wieder die gleiche Panikreaktion bei ihm hervor, die ursprünglich im Hinblick auf seine Behinderung verständlich war. Wenn seine Verfassung einen bestimmten Grad erreicht hat, ist sie von außen kaum mehr beeinflußbar, man kann ihn nur noch schnappen und mit ihm nach Hause fahren.

Auch wir Gesunden sind von solchen Reaktionen nicht frei, man denke einmal an einen verpatzten Arzt- oder Ämterbesuch, dessen Atmosphäre sich dann immer wieder wiederholt. Ich kann meine Eltern verstehen, daß sie Frank nicht angstfrei entgegentreten können, aber ich glaube auch, daß sie mehr dagegen tun könnten.

Sicher hat Frank viele negative Seiten. Er ist ein schwieriges und aggressives Kind, dessen Verhalten auch bei uns oft Kopfschütteln und Resignation hervorruft. Ich mache bewußt keinen Versuch, die Probleme mit ihm zu verniedlichen und zu bagatellisieren, warum sollte ich? Jahrelang mußte ich die Erfahrung machen, daß niemand solche extremen Erziehungsschwierigkeiten kennt, daß demzufolge auch niemand unserer Situation Verständnis entgegenbringen konnte. Natürlich werde ich mich auch bemühen zu beschreiben, wie man solchen Verhaltensweisen begegnet. Auch innerhalb der Behinderten-Organisationen, wie etwa der «Lebenshilfe» habe ich schon das Gefühl gehabt, daß das Thema «aggressive Behinderte» an den Rand gedrängt oder gar verschwiegen wird. Man möchte dem Vorurteil, «alle Behinderte sind aggressiv und gemeingefährlich» keine Nahrung geben. Genauso ein Vorurteil ist es aber, daß alle geistig Behinderten ruhig und apathisch sind: das entspricht nicht der Wirklichkeit. Nur wer die Realität kennt, kann sich mit ihr auseinandersetzen und nach Hilfsmöglichkeiten suchen.

Probleme im Kindergarten

Als Frank drei Jahre alt war, versuchte ich, den für ihn geeigneten Kindergarten zu finden. Ein Jahr vorher hatte ich mir noch den Aufnahmeschein für den örtlichen «normalen» Kindergarten beim Bürgermeisteramt besorgt. Ausgefüllt habe ich den dann nicht mehr. Unter § 5 der dazugehörigen Kindergartenordnung steht, daß «dauernd pflegebedürftige oder schwachsinnige» Kinder nicht aufgenommen werden. Es tat weh, diese Zeilen zu lesen, obwohl ich noch nicht ahnte, daß Frank ein Jahr später tatsächlich mit den Etiketten «dauernd pflegebedürftig» und «geistig behindert» versehen sein würde. Gegen das Wort «Schwachsinn» wehre ich mich auch heute heftig, wobei ich mir nicht ganz im klaren darüber bin, ob es das Wort an sich oder dessen gelegentlicher Mißbrauch als Schimpfwort ist. Andererseits stimmt es schon, daß die Funktion der Sinne bei diesen Kindern immer irgendwie gestört ist, das führt dann zu einer eingeschränkten Wahrnehmung der stofflichen Welt, und diese wiederum hemmt die Intelligenzentwicklung entscheidend. In der Familienbildungsstätte war ich mit Müttern von behinderten Jugendlichen zusammengetroffen, die im «normalen» Kindergarten gewesen waren, weil es damals keine Sondereinrichtungen gab.

Die Krankengymnastin hatte einen für Frank in Frage kommenden Kindergarten erwähnt, in dem aber vorwiegend körperbehinderte Kinder betreut werden, also Kinder, bei denen die Körperbehinderung im Vordergrund steht. Sie meint, daß Frank da wohl doch nicht so hinpassen würde, wegen seiner körperlichen Schnelligkeit. Neben dieser Einrichtung bliebe nur noch der Sonderkindergarten für bildungsschwache Kinder, aber ob Frank da nicht unterfordert ist? – bemerkte sie. Offensichtlich hat auch sie wegen seines munteren Wesens seinen geistigen Entwicklungsstand überschätzt.

Sicherheitshalber rief ich beim erstgenannten Kindergarten an und mußte kleinlaut zugeben, daß bei Frank keine Körperbehinderung im Vordergrund steht. Der Kindergarten kam deshalb für ihn nicht in Frage. Klopfenden Herzens rief ich bei der «Sonderschule für bildungsschwache Kinder und Jugendliche» an, der Rektor war selbst am Apparat. Ich erzählte ihm von den Schwierigkeiten mit Frank, den ausgebliebenen Entwicklungsfortschritten. Ganz genau ließ ich mir von ihm erklären, daß jederzeit die Möglichkeit besteht, den Kleinen in eine «Normaleinrichtung» zu geben, sollte er unverhoffte Fortschritte machen. Ich ließ mir versichern, daß die Aufnahme in diesen Kindergarten nur «vorläufig» ist. Wie schwer fällt es doch, die endgültigen Konsequenzen zu ziehen, immer wieder ist man geneigt, sich ein letztes Tor für den so sehnlichst erhofften «Rückzug» offenzuhalten. Welch ungeheure Widerstände stecken doch hinter dieser Vergewisserung, wie schwer es fällt zuzugeben, daß ausgerechnet das eigene Kind zu diesem Kreis gehört. Der Schulrektor war sehr verständnisvoll und entgegenkommend, offensichtlich war er solche Verhaltensweisen gewohnt.

Wir bekamen einen Vorstellungstermin und erschienen am 6. Oktober 1975 pünktlich um 10 Uhr 45 im Rektorat der Sonderschule. Sie lag in einem sehr alten Gebäude mit quietschenden Holztreppen und hohen, dunklen Gängen. Frank war aufgeregt und aufgedreht wie immer an unbekannten Orten. Ich sprach mit einem freundlichen jungen Sonderlehrer, dem Konrektor, der Frank einer pädagogisch-psychologischen Prüfung unterziehen wollte, das heißt, er versuchte, den aufgeregten Kleinen mit einem Bilderbuch zum Sprechen zu bringen. Den darin abgebildeten Ball hat Frank noch erkannt und auch richtig benannt, aber dann war schon Schluß. Dieser Sonderschullehrer machte mich bei jenem Erstgespräch darauf aufmerksam, daß die schwere Gelbsucht bei Frank hätte verhindert werden können. Er meinte sogar, wir sollen gegen das Krankenhaus klagen, was aber für uns indiskutabel war. Ich erfuhr noch, daß in dieser Schule immer wieder Kinder eingewiesen werden, die ein Indiz für Versäumnisse bzw. Fehler der Ärzte sind!

Nach der Besprechung mit dem Konrektor wurden wir kurz im Sonderschulkindergarten selbst vorgestellt. Die Kinder begrüßten mit freudigem Hallo den überraschenden Besuch, aber mir gefror das Lächeln. Es war das erste Mal, daß ich mit einer Gruppe von behinderten Kindern zusammenkam, und ich mußte mir eingestehen, daß ich entsetzt war, obwohl ich es nicht sein wollte. Ihre Verhaltensweisen kamen mir «komisch» vor, obgleich sie nicht viel anders waren als die von Frank. Das eigene Kind sieht man doch viel unkritischer. Auch war ich über das Äußere der mongoloiden Kinder schockiert; heute weiß ich, daß das eine ganz natürliche Reaktion auf Unbekanntes ist, derer man sich nicht zu schämen braucht. Es kommt nur darauf an, den ersten Schock zu überwinden und etwas dafür zu tun, daß solche Begegnungen nicht die Ausnahme bleiben, dann ist schon sehr viel erreicht. Je mehr man mit geistig Behinderten zu tun hat, desto mehr sieht man auch das Normale, Alltägliche, ganz einfach die Gemeinsamkeiten. Das ist auch der Grund, daß man als betroffene Mutter das eigene Kind als weniger behindert einschätzt als die anderen. Natürlich gibt es neben diesem Mechanismus tatsächlich auch gewaltige Entwicklungsunterschiede zwischen den einzelnen Kindern, die von den Grenzfällen zur Lernbehinderung einerseits bis zu den geistig Schwerstbehinderten andererseits reichen.

Ab Januar 1976 besuchte Frank dann täglich den Kindergarten, vorerst aber nur für eine Stunde pro Tag. Er wurde um 13 Uhr 30 von einem Bus des Arbeitersamariterbundes abgeholt und um 15 Uhr 30 wiedergebracht. Die zusätzliche Stunde entstand durch die Fahrzeit.

Diese zwei Stunden reichten gerade, um die Einkäufe ohne Frank erledigen zu können, das Chaos in der Wohnung zu beseitigen, Putzarbeiten zu verrichten und auch mal auszuruhen. Ich war heilfroh über diese Erholungspause, sie war bitter nötig für mich. Die Wohnung in Franks Gegenwart zu putzen, hatte ich aufgegeben, es kostete zu viel Nerven. Grundsätzlich tappte er gerade dahin, wo ich mit dem Wischlappen oder Staubsauger hinwollte, kicherte über meine seltsamen Bewegungen und sträubte sich heftig, wenn ich ihn zur Seite schob oder versuchte, ihn mitmachen zu lassen. Wenn ich sein Spielzeug aufräumte, um staubsaugen zu können, wehrte er sich gegen meinen Eingriff in «seine Ordnung», auch wenn das Spielzeug vorher stundenlang unbeobachtet herumgelegen hatte! Es war zum «Verrücktwerden». Wie konnte sich da jemand wundern (zum Beispiel meine Mutter), daß ich keine ehrgeizigen Hausfrauenambitionen entwickelte?

Ein neuer Abschnitt hatte also begonnen. Niemand konnte mehr leugnen, daß Frank anders als andere Kinder ist. Eine ältere Nachbarin sah den Bus vorfahren, und ich erklärte ihr den Grund dafür. Als Reaktion darauf hörte ich einen Satz, den ich noch öfter zu hören bekommen sollte: «Ja, aber . . . Frank ist doch nicht dumm.» Dann kamen wieder Bemerkungen, ebenfalls aus der Nachbarschaft, ob Frank nicht im Heim am besten aufgehoben sei. Schließlich «registrieren» solche Kinder eine Trennung von zu Hause nicht so sehr – wurde betont. Mehrfach hörten wir auch Bemerkungen wie: «So ein Kind könnte *ich* nie aufziehen. Ich würde es ins Heim geben.» All dies zeugt von einer fehlenden Achtung gegenüber unserer Leistung. Auf die «Verweisung ins Heim» habe ich geantwortet, daß es Frank auf jeden Fall guttun wird, wenn er so lange wie möglich bei uns ist. Außerdem kostet es ja der Gemeinschaft viel weniger Geld, wenn ein Kind zu Hause und nicht in einem Pflegeheim betreut wird. Ich bekomme für die Betreuung von Frank ein monatliches Pflegegeld, das aber weitaus niedriger ist als die Bereitstellung eines dem Kind gerechten Platzes in einem Heim. Schlimm genug, wenn man eine derartige Bereitschaft mittels ökonomischer Vorteile der Gesellschaft «rechtfertigen» muß! Schlimm genug auch, daß solche Bemerkungen aus christlichem Mund gekommen sind! Ich bin der Meinung, daß niemand im voraus sagen kann, wie er sich verhalten würde, wenn sein eigenes Kind geistig behindert wäre. Ein Kind wegzugeben ist nicht so einfach, schon gar nicht, wenn die Behinderung nicht gleich nach der Geburt festgestellt worden ist. Ich weiß eigentlich überhaupt nicht, was eine derartige Bemerkung bewirken soll. Wenn tatsächlich so etwas wie Achtung vor meiner Leistung dahintersteckt, dann kann man das viel ehrlicher und taktvoller sagen, zum Beispiel mit: «Prima, wie du das schaffst» – oder ähnlichem. Eine solche Bemerkung habe ich sehr selten gehört, zuletzt von einem jungen Assistenzarzt in einer Klinik.

Noch ein Wort zu: «Das Kind merkt die Trennung doch nicht so . . .» – Eine jämmerliche Rechtfertigung. Sicher ist etwas Wahres dran – Frank hat erst mit fünf Jahren angefangen, echten Trennungsschmerz zu empfinden und zu zeigen. Das bedeutet, daß er eine wichtige Stufe in seiner psychischen Entwicklung erreicht hat, die für die weitere Entwicklung wichtig ist. Wäre er nun lange vor dieser Zeit in die Massenpflege gekommen, so hätte er wohl kaum eine Chance gehabt, diese Entwicklungsstufe zu erreichen! Ein Kind, das nie eine echte Beziehung zu einer bestimmten Person gehabt hat, leidet an einer tiefen Kontaktstörung, die letztendlich die schon vorhandene Behinderung noch verstärkt. Die Tatsache, daß ein behindertes Kind bei frühzeitiger Heimeinweisung nicht so sehr darunter leidet wie ein gesundes, ist also nur bequem für die Eltern (und Umgebung), aber hemmend für die weitere soziale Entwicklung des Kindes. Auch ein behindertes Kind entwickelt sich und macht Fortschritte. Nur wer es für ganz in Ordnung hält, wenn behinderte Kinder in Heimen, zur «Ruhigstellung» vollgepumpt mit Medikamenten vor sich hinvegetieren, kann für die frühe Heimeinweisung plädieren.

Das bedeutet nicht, daß ich Eltern verurteile, die ihr behindertes Kind ins Heim geben. Ich kann sie sehr gut verstehen. Jeder muß die Entscheidung für sich treffen, aber die Gesellschaft hat nicht das Recht, Eltern, die sich für den schwierigeren Weg entschieden haben, den Mut zu nehmen. Sicherlich gibt es auch Heime mit sehr kleinen Gruppen, wo behinderte Kinder eine Chance haben, Kontaktfähigkeit zu erlernen, aber die Zahl ist nicht groß.

Als Frank im Kindergarten war, merkte ich zum erstenmal, daß Behinderung nicht gleich Behinderung ist, daß es ungeheuer große Unterschiede gibt. Mir fiel auf, daß Frank im Beisein von mir und anderen Personen sichtlich unruhiger und aufgeregter wurde. Mir war gleich klar: Er war mit Abstand das unruhigste Kind in der Gruppe und demzufolge am schwersten zu fördern. Vor allem bei den mongoloiden Kindern fiel mir auf, daß sie einen ruhigen und ausgeglichenen Eindruck machten, daß die bei weitem nicht so hektisch und überaktiv wie Frank waren. So langsam begriff ich, was ich überhaupt in den letzten Jahren geleistet hatte!

Ich war bestürzt, daß Frank hier im Kindergarten den Eindruck des am stärksten behinderten Kindes machte. Es mußte doch noch mehr geistig behinderte Kinder geben, die sehr unruhig sind! Warum waren die mongoloiden Kinder in so übergroßer Zahl vertreten? Meine einzige Erklärung dafür war, daß sie eben – im Vergleich mit Frank – keine allzu großen Erziehungsschwierigkeiten bereiten. Mongoloide Kinder besitzen im Bereich der körperlichen Bewegungen und des Spiels eine gute Nachahmungsbereitschaft, die Kindern wie Frank erst mühselig «antherapiert» werden muß.

Ich merkte auch bald, daß der Unterricht mehr auf mongoloide Kinder ausgerichtet war, was automatisch eine Überforderung der unruhigen Kinder nach sich zog. Für den Vormittags-Kindergarten war zum Beispiel ein einstündiger «Morgenkreis» geplant, wobei die Kinder still sitzen und konzentriert mitmachen sollen. Als ich das erfuhr, wußte ich, warum Frank noch nicht in den Vormittags-Kindergarten aufgenommen werden konnte. Es schmerzte, ihn als ein relativ schwaches Kind ansehen zu müssen. Wieder mußte ich dagegen ankämpfen, Frank innerlich aufzugeben, auch hier in der Sondereinrichtung. Langsam merkte ich aber, daß Frank trotz seiner extremen Hektik auf Einzelgebieten den anderen Kindern überlegen war, so im Bereich des Sprachverständnisses und des aktiven Wortschatzes. So hatte ich wenigstens einen kleinen Trost. Erleichternd war für mich auch, daß ich mich mit der Kindergärtnerin gut verstand, sie war genauso alt wie ich und mir in vielem ähnlich. Sie war ebenfalls der Meinung, daß es keinen Zweck hat, Frank mit Gewalt zum Stillsitzen zu bringen. Zu jener Zeit gingen wir regelmäßig ins Spastikerzentrum zur Beschäftigungstherapeutin. Sie übte mit Frank hauptsächlich Aus- und Einräumen und große Plastikkugeln zu einer Kette zusammenzustecken. Frank arbeitete nur mäßig mit, meistens ließ er sich widerstrebend die Hand führen. Um Therapie und Kindergarten etwas in Gleichklang zu bringen, erzählte ich im Kindergarten, was gerade im Zentrum gemacht wird. Dabei erfuhr ich, daß die Erzieherinnen über spezielle Therapien nichts gelernt hatten, sie waren als Erzieherinnen für den normalen Kindergarten ausgebildet. Kurz bevor wir weggezogen sind, hat die Kindergärtnerin von Frank dann einen Platz in einem einjährigen Ausbildungslehrgang über Geistigbehindertenpädagogik bekommen. Erst wenn alle Kindergärtnerinnen diese Sonderausbildung haben, kann die oft spürbar gewordene Kluft zwischen Therapiezentrum und Sonderschule bzw. Sonder-Kindergarten überwunden werden.

Der Elternbeirat der Schule schlug vor, einen sogenannten «Elternstammtisch» einmal im Monat einzurichten. Die Eltern bekommen an dem Abend die Gelegenheit, den Speisesaal zum zwanglosen Beieinandersitzen und Gespräch zu nutzen. Ich war begeistert. Kein Treffen habe ich ausgelassen und auch mehrere gleichbetroffene Eltern dabei kennengelernt. Den Lehrern stand es ebenfalls frei, ob sie kommen wollten oder nicht. Auch wunde Punkte wurden an den Abenden zwischen Eltern und Lehrern besprochen, etwa Schwierigkeiten mit dem Abholdienst. Diese Abende habe ich in sehr guter Erinnerung; der Erfahrungsaustausch mit ähnlich betroffenen Eltern hilft über vieles hinweg. Leider ist Martin nie mitgekommen. Er hat die Anfangsphase verpaßt, als ich ebenfalls noch niemanden kannte. Eine gewisse Sonderstellung hatte ich dadurch, weil ich mit Abstand die jüngste Mutter war. Das lag auch daran, daß die Eltern der älteren Schulkinder einen erheblich höheren Prozentsatz ausmachten und daß mongoloide Kinder doch oft «Nachzügler» sind, daß also die Mutter bei der Geburt schon älter war. Viele Eltern hielten mich zuerst für eine der Erzieherinnen. Nur eine Mutter war dabei, die drei Jahre älter als ich war. Leider hat es nie geklappt, daß wir uns außerhalb des Stammtisches mal sehen konnten, weil sie voll berufstätig war. Ihre mongoloide Tochter ist während ihrer Abwesenheit von der Großmutter versorgt worden. Erschütternd war auch, was diese Mutter über die Vorgeschichte erzählte: Sie war vor der Schwangerschaft sehr krank gewesen und mußte deshalb viele Bestrahlungen durchführen lassen. Als sie die Schwangerschaft bemerkte, bat sie die Ärzte um eine Fruchtwasseruntersuchung, weil sie infolge der Bestrahlungen ein behindertes Kind befürchtete. Die Ärzte lehnten diese Untersuchung ab, ein Abbruch war damals nur bei Lebensgefahr der Mutter erlaubt.

Bei einem der Elterntreffen machte mir der Konrektor der Schule den Vorschlag, Frank für ungefähr zwei Jahre in ein Heim zu geben, dann würde er bestimmt viel ruhiger und angepaßter werden. Als ich das hörte, lief es mir heiß und kalt den Rücken hinunter. Wieso mußte dieser Rat ausgerechnet aus einer Behinderteneinrichtung kommen? Ich fühlte mich gedemütigt. Diese Lobeshymnen auf die Heimeinweisung hatte ich so gründlich satt! Sie bewirkten nur, daß ich mich immer stärker dagegen auflehnte. Niemand konnte mich zwingen, den Kleinen in ein Heim zu geben, das war mein einziger Triumph. Ich entgegnete also, daß ich nicht glaube, daß das Frank helfen würde. Auch die Kindergärtnerin meinte bei einem Gespräch, daß sie eine Heimeinweisung für unangebracht hält.

Im Kindergarten war noch eine Krankenschwester tätig, die für den Toilettengang und eventuell notwendigen Windelwechsel der Kinder zuständig war. Von ihr kam der Vorschlag, Franks Rastlosigkeit mit Beruhigungsmitteln einzudämmen. Wir hatten aber keinen Erfolg damit. Das eine Mittel verstärkte Franks Unruhe noch, das andere rief einen taumelnden Gang bei ihm hervor. Erleichtert gaben wir wieder auf. Die Krankenschwester meldete sich noch einmal zu Wort: Sie empfahl mir ein Medikament, mit dem Franks starker Speichelfluß bekämpft werden sollte. Er hat ständig den Mund offen, streckt dabei gern die Zunge heraus und klopft mit Gegenständen dagegen. Ich war mir im klaren darüber, daß kein Medikament das starke Speicheln beseitigen kann, solange Frank nicht diese Gewohnheit abgelegt hat. Trotzdem wollte ich meinen guten Willen zeigen und besorgte das Medikament. Als ich den Beipackzettel las, bekam ich einen Schreck. Als Indikation waren schlimme Nervenleiden angegeben, außerdem gefährliche Nebenwirkungen. Ich entschied mich gegen die Verabreichung. Welch eine bequeme Vorstellung, daß man unangenehme Begleiterscheinungen einer Behinderung mit Hilfe eines «Mittelchens» beseitigen kann!

Und doch trifft man immer wieder auf diese rein medizinisch-mechanistische Auffassung von Behinderung. Sie soll die Fassungslosigkeit verbergen, die Fassungslosigkeit vor der eigentlichen Unheilbarkeit. Wir möchten so sehr glauben, daß wir mit unserer Medizin und Wissenschaft «alles können», doch Behinderungen erinnern uns an unsere Grenzen.

Einmal haben wir die Familie eines mongoloiden Mädchens besucht. Es war gerade Vorweihnachtszeit und die Familie hatte eine schöne Krippe in «Kinderreichweite» aufgestellt. So etwas wäre in unserer Wohnung nie möglich gewesen. Wieder mußte ich feststellen, daß mongoloide Kinder über Fähigkeiten verfügen, die ihre Anpassung an unsere Gesellschaft sehr erleichtern. Ich staunte darüber, daß die behinderte Tochter und ihre gesunde Schwester zusammen Rollenspiele durchführten, sie hatten von den Eltern einen Kaufladen geschenkt bekommen. Im stillen fragte ich mich, ob Frank jemals zu Rollenspielen fähig sein wird. Er holte sich ein Spielzeug nach dem anderen, und die beiden Mädchen ärgerten sich, wenn er es gleich wieder wegwarf! In rührender Weise, aber ohne Erfolg, versuchten sie, ihn zum Mitspielen zu bewegen. An den Kaufladen konnte ich ihn nicht allzu dicht heranlassen, er wäre mitsamt all den Miniwaren zu Bruch gegangen. Frank erinnerte mich an einen lieblich dreinschauenden «Elefanten im Porzellanladen». Das liegt an seiner mangelnden Fähigkeit, feine und gezielte Bewegungen auszuführen. Die Mutter erzählte mir, daß sie regelmäßig zu einem bekannten Professor nach München fährt. Sie berichtet auch von ihrem schlechten Gewissen, weil sie wieder «viel zuwenig mit ihrer Tochter geübt habe»! Im Innern dachte ich: Warum immer dieses schlechte Gewissen? Warum das ständige Messen an einer Wunschvorstellung, die es in der realen Welt niemals geben wird? Haben wir Mütter nicht genug Probleme, muß die ständige Vergegenwärtigung der eigenen «Unzulänglichkeit» auch noch dazukommen?

Kontaktunfähigkeit Ich-Bezogenheit

5 Autismus – eine Verhaltensstörung

Zufall – Diagnose wurde nicht vom Arzt gestellt!

Erkennungszeichen und Ursachen

Im Jahre 1976 bekam ich von einer Nachbarin einen Zeitungsartikel mit dem Titel: «Hilfe für das autistische Kind». Sie meinte, die darin beschriebenen Symptome würden denen von Frank ähneln. Als ich den Artikel durchgelesen hatte, war ich sprachlos. Tatsächlich waren darin genau die gleichen Erscheinungen aufgezählt, die Frank zeigte. Ich war der Nachbarin sehr dankbar, daß sie mich darauf aufmerksam gemacht hatte. Endlich hatte ich etwas in der Hand, den Beweis, daß es noch mehr Kinder mit solchen Verhaltensweisen gibt, die Bestätigung, daß Frank kein Einzelfall ist! Diese Erkenntnis hat mir sehr geholfen, mir neuen Mut gegeben, diese schwere Erziehungsarbeit zu bewältigen.

Man kann mit Sicherheit annehmen, daß es autistische Kinder schon immer gegeben hat. In der Literatur existiert die Beschreibung eines «wilden Jungen» aus dem Jahre 1799, den man heute als autistisch bezeichnen würde. Seit 1970 existiert der Elternverband «Hilfe für das autistische Kind». Über diese Tatsache war ich besonders froh, weil ich innerhalb der «Lebenshilfe-Eltern» oft eine deutliche Sonderstellung spürte. Nie wurde dort von Verhaltensstörungen oder gar von aggressiven Verhaltensweisen gesprochen, sie gaben sich große Mühe, meine Probleme zu verstehen, aber sie konnten es letztendlich doch nicht, weil es meistens nicht die ihren waren.

In dem Bericht erfuhr ich, daß es rund 7000 autistische Kinder in der Bundesrepublik gibt, fast soviel wie blinde oder taube Kinder. Allerdings waren dem Verband zum damaligen Zeitpunkt nur 500 bekannt. Besonders schlimm ist auch, daß selbst viele Fachleute dieses Krankheitsbild nicht kennen und daß es nur drei Spezialklassen für etwa zwanzig autistische Kinder in der Bundesrepublik gibt. Ich erfuhr, daß diese Behinderung in England und Amerika schon viel länger bekannt ist, daß es dort Spezialeinrichtungen gibt, die der Anzahl der Kinder entsprechen und daß die Wissenschaft sich umfangreich mit dem Thema befaßt. Woher kann das kommen? Sicher ist es wieder die uns Deutschen besonders anhaftende Angst vor unangepaßten, stark von der Norm abweichenden Eigenschaften. Sie hat dazu geführt, daß der Autismus bei uns jahrzehntelang tabuisiert worden ist, zum Schaden der betroffenen Eltern und Kinder. Erst in den letzten Jahren wird ab und zu in den Medien über diese Kinder berichtet.

Statistisch gesehen zeigen vier bis fünf von zehntausend Kindern ausgeprägte autistische Symptome. Jungen sind eher betroffen als Mädchen (2,75 zu 1); auf diese Tatsache trifft man aber nicht nur beim Autismus, sondern bei vielen anderen Krankheiten, Lernstörungen usw. auch. Über die Ursachen dieser «männlichen Schwäche» streiten sich die Fachleute. Ich meine, daß die schon beschriebene Überforderung der Jungen, die vom ersten Tag an beginnende «Erziehung zur Männlichkeit» zumindest einen Teil dazu beiträgt. Überraschend war für mich, daß bei vielen autistischen Kindern in der Vorgeschichte keine Hinweise zu finden sind, die auf eine Hirnschädigung schließen lassen. Dabei handelt es sich also um Kinder, bei denen die Schwangerschaft normal verlaufen ist, keine chemischen oder physikalischen Schäden auf das Kind im Mutterleib eingewirkt haben und die auch nach der Geburt keine schweren Infektionskrankheiten durchgemacht haben. Die Ursachen des Autismus sind also noch nicht eindeutig geklärt, auch wenn oft, wie bei Frank, mit großer Sicherheit ein- oder mehrfache Hirnschädigung diagnostiziert werden kann. Autismus zeigt sich spätestens bis zum dritten Lebensjahr, aber oft sind auch schon im ersten Lebensjahr deutliche Anzeichen vorhanden, die infolge mangelhafter Kenntnisse der Ärzte nicht erkannt und richtig eingestuft werden.

Die Grobcharakteristik eines autistischen Kindes sieht so aus: Keine oder mangelhafte Ausbildung persönlicher Beziehungen zu anderen Menschen (auch zu den Eltern) – Verzögerung oder Ausfälle in der Sprachentwicklung – Rituale und zwanghafte Erscheinungen. Alle drei Symptome waren bei Frank besonders kraß vorhanden.

Verwirrend ist, daß laut Statistik autistische Kinder in der Mehrzahl aus der oberen Mittelschicht kommen. Lange Zeit hatte man eine verhängnisvolle Erklärung dafür: Gebildete Mütter würden sich «gefühlskalt» dem Kind gegenüber verhalten und dadurch die autistische Behinderung verursachen! Als ich das zum erstenmal hörte, war ich recht empört. Entspringt diese Erklärung nicht der Urangst des Mannes vor der intelligenten Frau? Intelligenz soll der «Weiblichkeit» schaden, aber doch nur deshalb, weil Frauen sich dann besser gegen Unterdrückung wehren können. Besonders verhängnisvoll ist diese Erklärung ja deshalb, weil Schuldgefühle eine positive Einstellung zum Kind verhindern, Männer können also mit dieser Erklärung höchstens das hervorrufen, was sie im Verhalten der Mütter wahrzunehmen glauben. Heute ist man glücklicherweise von dieser diskriminierenden Erklärung abgerückt. Was könnte wirklich die Ursache dafür sein, daß autistische Kinder überwiegend aus besseren Schichten kommen? Ich habe eine Ahnung, daß die Statistik da täuscht. Eltern aus der Mittel- und Oberschicht haben viel bessere Möglichkeiten, ihr Kind umfassend diagnostizieren zu lassen. Sie haben eher die zeitlichen und finanziellen Voraussetzungen, um von Arzt zu Arzt zu gehen und auch «Kapazitäten» in Anspruch zu nehmen. Die Chance ist also viel größer, auf einen Arzt zu stoßen, der den Autismus überhaupt kennt und das betroffene Kind dementsprechend zu beurteilen vermag. Mütter aus der Unterschicht sind oft aus finanziellen Gründen gezwungen, mitzuverdienen, sie haben demzufolge im allgemeinen weniger Zeit für ihre Kinder. Ist dann noch ein Kind dabei, das solch eklatante Erziehungsschwierigkeiten bereitet, wie es autistische Kinder tun, dann wird die Mutter öfter infolge schwieriger äußerer Umstände gezwungen sein, das Kind in ein Heim zu geben. Und auch bei den Heimen gibt es die bekannten «Klassengegensätze»: Die billigen werden wohl eher Aufbewahrung als heilpädagogische Förderung bieten, und ist keine optimale Förderung vorhanden, dann fehlt wohl auch die umfassende Diagnose. Viele Kinder in solchen «Aufbewahrungsheimen» werden sicherlich pauschal als «schwachsinnig» eingestuft, obwohl sie bei näherem Betrachten als «autistisch» bezeichnet werden können. Ob alle diese Faktoren bei den statistischen Untersuchungen berücksichtigt worden sind, wage ich zu bezweifeln. Schließlich käme auch noch folgende Erklärung in Betracht: Autisten sind für die nichtinformierte Öffentlichkeit so fremd, unnahbar und schockierend, daß die betroffenen Eltern sehr leicht in eine bedrückende Isolation geraten. In dieser Situation wird den betroffenen Vätern – vielleicht – manchmal gar nichts anderes übrig bleiben, als sich besonders intensiv um einen beruflichen Aufstieg zu bemühen, als Ausgleich für die ungeheuren Schwierigkeiten mit dem Kind und als Reaktion auf die Isolierung durch die Umwelt. Aber – wie gesagt – das ist eine Hypothese.

Autistische Kinder leiden an einer grundlegenden Störung in der Verarbeitung von Sinneswahrnehmungen, das heißt, sie können zwar sehen, hören, tasten, riechen, schmecken – aber sie können mit dem Gesehenen, Gehörten usw. nichts anfangen. Das Gehirn registriert zwar alle diese Sinnesreize, aber es ist nur begrenzt fähig, sie so zu verarbeiten, daß das Bewußtsein etwas damit anfangen kann. Das Kind ist sozusagen hilflos einem Chaos nicht verstehbarer Sinnesreize ausgesetzt. Wenn man diese Erklärung kennt, dann wird vieles im Verhalten dieser Kinder verständlich. Autistische Säuglinge sind entweder besonders ruhig und anspruchslos oder schwierig und unruhig. Ihr Verhalten ist unerklärlich, weil viele Sinnesreize, die das gesunde Kind richtig verarbeiten kann, für das autistische Kind verwirrend und unverständlich sind. Immer wieder muß ich an Franks Säuglingszeit denken, an seine fürchterlichen Schreikrämpfe und daran, daß uns einiges erspart geblieben wäre, wenn wir dieses Wissen schon damals gehabt hätten. Die Defizite in der Verarbeitung von Sinneswahrnehmungen sind auch der Grund dafür, daß autistische Kinder für uns völlig unerklärliche Ängste zeigen, dagegen reale Gefahrensituationen meist nicht als solche erkennen. Sie interessieren sich oft für Geräusche, die beim Kratzen oder Klopfen auf verschiedenen Oberflächen zustande kommen. Eine solche Eigenart von Frank habe ich ja schon an anderer Stelle beschrieben, wenn er mit der Hand über glatte Oberflächen ging und dabei ein klopfendes Geräusch erzeugte. Dieses Verhalten kommt auch bei blinden Säuglingen vor, ein Zeichen dafür, daß es als Ausgleich für das fehlende Sehen – beim autistischen Kind für die fehlende Verarbeitung des Gesehenen – dient. Daß Frank sehen konnte, merkten wir daran, daß er manchmal irgendein für uns völlig unwichtiges Detail erkannte. Mit dem Hören war es dasselbe. Oft reagierte er nicht, wenn man ihn ansprach, andererseits erkannte er mitunter sehr leise, aus weiter Ferne kommende Geräusche. Diese Erscheinungen sind sehr verwirrend. Das Kind hört nicht – und hört dann wieder doch, es sieht nicht – und sieht dann doch! Man ist geneigt, diese Defizite als Boshaftigkeit zu interpretieren, denn schließlich «kann das Kind, aber es will nicht». Auch uns ist es so ergangen.

Der wichtigste Hinweis darauf, daß mit der Sozialentwicklung etwas nicht stimmt, ist die Tatsache, daß solche Säuglinge keine Anstalten machen, von der Mutter aufgehoben zu werden. Sind sie dann im Arm, freuen sie sich zwar, aber sie schmiegen sich nicht an die Bezugsperson an, sondern behalten eine seltsam starre Haltung. Auch das war bei Frank sehr deutlich vorhanden. Wir haben das allerdings mehr unbewußt registriert, haben die Ärzte nicht besonders darauf aufmerksam gemacht, weil uns dieses Verhalten zu unverständlich und fremd erschien. Heute ist mir bekannt, daß ein taubblindes Kind, das die Nähe der Mutter weder sehen noch hören kann, ähnlich reagieren würde. Es bestehen also gewisse Ähnlichkeiten im Verhalten zwischen autistischen und sinnesbehinderten Kindern. Auch taubblinde Kinder weigern sich manchmal, von weicher zu fester Nahrung überzugehen. Deutliches Zeichen für die mangelnde Sozialentwicklung ist auch der fehlende Blickkontakt. Diese Kinder sehen oft durch Menschen und Dinge «hindurch», was sie für den Außenstehenden so «unheimlich» macht. Interessant ist, daß Kinder jeder Intelligenzstufe als Autisten bezeichnet werden können, die Palette reicht von «schwer geistig behindert» bis zu überdurchschnittlicher Intelligenz. Es kommt sogar vor, daß ein autistisches Kind nach einer geeigneten Therapie, wobei die Wahrnehmungsstörungen in den Hintergrund gedrängt worden sind, in Teilbereichen erstaunliche geistige Leistungen zeigt. Nach meinen Erfahrungen ist das aber die Ausnahme. Im allgemeinen können sie zumindest als lernbehindert bezeichnet werden, was ja auch nicht verwunderlich ist. Ich habe mir da nie irgendwelche Hoffnungen gemacht, und ich halte es für bedenklich, bei den betroffenen Eltern irgendwelche Hoffnungen zu wecken.

Besonders auffällig bei diesen Kindern ist auch ihre Neigung zu Stereotypien. Sie weigern sich, Spielzeug sinnvoll zu benutzen und machen statt dessen langandauernde sich wiederholende Bewegungen damit. Bei Frank war und ist es seine Vorliebe, mit dem Rührlöffel oder einer Puppe gegen seine herausgestreckte Zunge zu klopfen. Auch mußten wir ihm seine beiden Lastautos wegnehmen, weil er von morgens bis abends nur noch die Räder drehte und seine Zunge daran «schliff». Den Kindern fehlt es an Verständnis und Gebrauch von gesprochener Sprache, und auch an der Fähigkeit, die Sprache des Gesichtsausdrucks und der Körpergeste zu «lesen». Die einfache Sprache hat Frank fast zur normalen Zeit verstanden, aber Gesten konnte auch er lange nicht interpretieren. Wie verzweifelt war ich, wenn ich über sein irrationales Verhalten weinen mußte, und er lachte auch noch darüber. Auch das hat Frank lange Zeit gern gemacht: Wenn er etwas haben wollte, dann ergriff er meine Hand und zog sie in die entsprechende Richtung. Das zeigt eine Störung der Kontaktfähigkeit. Es wird nicht einmal der Versuch unternommen, mit der Bezugsperson in einen Dialog zu treten, sondern der Erwachsene wird als «Mittel zum Zweck» benutzt. Dagegen habe ich mich von Anfang an stark gewehrt, ich habe ihn immer wieder eindringlich gefragt, was er denn möchte. Mit dreieinhalb Jahren hat er dann angefangen nachzusprechen, und seitdem lernte er immer besser, seine Wünsche zu äußern. Trotzdem ist von dieser Auffälligkeit einiges übriggeblieben: Er benutzt uns gern als «seinen verlängerten Arm», das heißt, er kommt immer wieder und möchte zum Beispiel die Puppe an- oder ausgezogen haben, macht aber keine Anstalten, es selbst zu probieren.

Wenn autistische Kinder sprechen lernen, dann zeigen sich oft Sprachauffälligkeiten. Ein Beispiel dafür ist die Echolalie, wobei das Kind Sätze genau wiederholt, was zur Verwechslung der Pronomen führt. Wenn wir Frank fragen: «Willst du trinken?» – Dann sagt er in seiner Kurzform «du Trinken» – Es ist also schwer, ihm beizubringen, daß er jetzt das Fürwort «ich» gebrauchen muß. Oft wiederholen die Kinder Worte und Phrasen, die sie irgendwann einmal gehört haben. Vor einiger Zeit habe ich Frank erklärt, daß er nicht mehr so viel Papier bekommen kann, weil dann immer gleich «der Mülleimer voll ist». Wann immer jetzt von Papier die Rede ist, sagt er «Mülleimer voll»! Natürlich freuen wir uns, daß er überhaupt Zweiwortsätze spricht.

Autistische Kinder zeigen oft ungewöhnliche Reaktionen auf Sinnesreize. Es kann vorkommen, daß Frank sich gegen eine leichte Berührung exzessiv wehrt, dagegen an heftigen, zum Teil schmerzhaften Berührungen Freude hat. Man kann nie sicher sein, wie er reagiert. Tagelang genießt er es, wenn wir ihm das Gesicht eincremen, dann bekommt er wieder wahre Tobsuchtsanfälle dabei. Hier liegt auch der Grund, warum er anderen weh tun kann, obwohl er es nicht bewußt will. Das «sich selbst schlagen» kann auch als Reaktion darauf angesehen werden, daß am Kopf wenig Empfindungen vorhanden sind. Das Kind versucht also auf diese krasse Weise, überhaupt irgend etwas zu fühlen. Ein anderes Mal, wenn er sich gegen schwache Berührung wehrt, werden die Reize offensichtlich übermäßig stark an das Gehirn weitergegeben.

Das «Chaos der Sinne», in dem sich ein autistisches Kind befindet, hat zur Folge, daß es sich an Bekanntes klammert, daß es auf der Gleichartigkeit täglicher Rituale besteht. Nie vergesse ich, wie Frank getobt hat, wenn überraschend der Briefträger klingelte und ich schnell herunterlaufen mußte. Oder wenn der Bus in den Kindergarten nicht zur rechten Zeit kam. Kürzlich bin ich mit ihm die Treppe hinuntergegangen, ohne zu merken, daß das falsche Taxi vor der Tür stand. Ich mußte sehr verständnisvoll und tröstend mit ihm sprechen, ehe er seine totale Verwirrung und Panik überwunden hatte. Hier wird auch deutlich, warum autistische Kinder zu unkontrollierbaren Zornesausbrüchen neigen.

«Autismus» heißt ja eigentlich «in sich selbst zurückgezogen sein», Kontaktunfähigkeit. Das muß aber noch lange nicht heißen, daß diese Kinder überhaupt keinen Kontakt zur Welt aufnehmen. Es ist nur so, daß die eingeschränkte Sinneswahrnehmung fast völlig fehlendes Verständnis für die Gesetze der dinglichen und menschlichen Umwelt bewirkt. Deshalb hat Frank auch lange Zeit ausschließlich von sich auf andere geschlossen – seine an anderer Stelle beschriebene «Egozentrik». Schwer zu begreifen ist auch die ungeheure Zwiespältigkeit des Verhaltens dieser Kinder. Deshalb wurde Autismus früher auch als «Kindheitsschizophrenie» bezeichnet. Frank konnte und kann auf Fremde einen anziehenden, «kontaktfreudigen und beinahe normalen» Eindruck machen. Andererseits kann er sich von einer Sekunde auf die andere in eine «rasende kleine Bestie» verwandeln, die demjenigen, der ihn nicht anders kennt, Angst und Schrecken einjagt! Er geht schon immer überschießend auf andere zu, aber das bedeutet noch lange nicht echte Kontaktfähigkeit. Kontakt bedeutet Dialog, aufeinander eingehen, und wir freuen uns sehr, daß er das heute viel besser kann als vor ein paar Jahren. Die autistischen Symptome haben sich also bei ihm gebessert. Auch hospitalismusgeschädigte Kinder zeigen oft diese scheinbar «überdurchschnittliche Kontaktfähigkeit», das heißt, sie gehen offensiv auf den anderen zu, sind aber gleichzeitig unfähig, echte gegenseitige Beziehungen zu unterhalten. Ich möchte daran erinnern, daß diese Kinder ebenfalls an fehlenden Sinnesreizen leiden, zwar nicht durch Wahrnehmungsstörungen, aber durch äußere Umstände hervorgerufen.

Wir lernen Verhaltenstherapie

Im Jahre 1977, als Frank vier Jahre alt war, machte der Konrektor der Schule den Vorschlag, mit Frank einmal nach Tübingen in die psychiatrische Ambulanz zu fahren. Er erklärte sich bereit mitzukommen und auch die Anmeldung zu übernehmen. Franks Entwicklungsstand zu jener Zeit war folgendermaßen: Er war sehr stark in seinen Stereotypien gefangen, er lief ständig ruhelos umher und nahm sich alles, was er zu fassen bekam. Zermürbend waren seine Autoaggressionen. Ich hatte zwar gelernt, mich nicht mehr so schnell aus der Fassung bringen zu lassen, aber ich reagierte inkonsequent, weil ich ein völliges Nichtbeachten dieser Verhaltensstörung nicht durchhalten konnte. Frank war noch nicht sauber und blieb nur kurze Zeit auf dem Topf sitzen, wenn ich dabei war. Besonders umständlich war, daß ich ihn noch füttern mußte. Da passierte es nicht selten, daß mein Essen schon kalt war, wenn ich ihn gefüttert hatte. Auch die Kindergärtnerin kam nicht so recht mit ihm voran. Er weigerte sich, auch nur ein paar Minuten sitzen zu bleiben und etwas Einfaches zu spielen. Meine Besuche bei den Erziehungsberatungsstellen waren erfolglos verlaufen, und so kam mir der Vorschlag des Lehrers ganz gelegen. Irgendwie mußte doch Frank zu helfen sein, er konnte doch unmöglich das einzige Kind sein, das sich so verhält! Am 3. März war es dann soweit. Ich hatte mit dem Lehrer abgesprochen, daß er mich um sieben Uhr abholt, aber er kam und kam nicht, die Zeit verstrich, und ich hatte keine Ahnung, in welchem Ort er wohnte, um seine Telefonnummer herauszubekommen. So blieb mir denn nichts anderes übrig, als allein loszufahren. In Tübingen nahm ich dann ein Taxi, um nicht mehr suchen zu müssen und weil wir schon zwanzig Minuten Verspätung hatten. Leider hatte uns der Taxifahrer doch vor dem falschen Bau abgesetzt, und so mußte ich mit dem jetzt quengeligen Frank noch einige hundert Meter laufen. Am Ziel endlich angelangt, trafen wir auch den Lehrer.

Ich hatte gehofft, daß dieses Zentrum auf Kinder wie Frank vorbereitet ist, aber dem war nicht so! Wir kamen in ein kleines Wartezimmer, in dem sich Frank in gewohnter Weise benahm. Er war überall und nirgends, versuchte ständig durch die Tür zu entkommen, so daß ich immer «auf dem Sprung» sein mußte. Meine Hoffnung war, daß ich Frank in eine betreute Kindergruppe geben kann, um einmal in Ruhe mit dem Arzt zu sprechen. Ich sah gleich, daß es sich bei den anderen Kindern nicht um «Fälle» wie Frank handelte. Allenfalls konnte man erahnen, daß es Kinder mit Schulschwierigkeiten und leichten Verhaltensauffälligkeiten waren, aber ganz und gar nicht geistig behinderte Kinder. Wieder einmal fühlte ich mich beschämt und gedemütigt – was hatte ich hier überhaupt zu suchen. Da wir viel zu spät gekommen waren, mußten wir fast eineinhalb Stunden warten. Der Lehrer holte zwischendurch eine Kleinigkeit zum Essen. Ich selbst hatte mir nicht viel mitgenommen, weil ich damit rechnete, in der «Klinikkantine» essen zu können, was dann nicht möglich war. Auch bestand keine Gelegenheit, Frank zu wickeln. Als wir kurz vor Mittag endlich im Sprechzimmer waren, saß uns ein jüngerer Arzt gegenüber und schaute kaum auf. Der Lehrer überreichte ihm höflich den Ordner mit den Attesten über Frank, und dann sagte der Arzt: «Tja – was machen wir denn da, daß Ihnen das nicht noch mal passiert?(!)» Diese taktlose Bemerkung traf mich so unvorbereitet, daß ich ganz sprachlos und erstarrt war. Drückte sie doch nichts anderes als tiefe Verachtung für das dabeistehende Kind aus. Meine Enttäuschung war grenzenlos. Und dafür hatte ich derart viel Ärger in Kauf genommen. – Was war für uns ein Arzt wert, der Frank als «hoffnungslosen Fall» ansah!

Ich fand dann doch wieder meine Sprache und erzählte vom eigentlichen Anliegen unseres Besuchs: Daß Frank sich in zornigen und erregten Zuständen selbst schlägt. – «Wie bitte . . .???» fragte der Arzt verblüfft, schaute zum erstenmal richtig auf, und ich mußte den Satz wiederholen. Nachdem er das vernommen hatte, wurde er etwas aktiver. Er fragte mich, ob ich an einem zweimonatigen Trainingsprogramm für Frank interessiert wäre, teilweise zusammen mit mir. Ich bejahte natürlich, und der Arzt rief sogleich das Behandlungszentrum an, um die Personalien durchzugeben. Ich war froh, daß ich das Problem mit den Autoaggressionen überhaupt vorgebracht hatte.

Auf der Heimfahrt hielt ich kurz an, um mit Frank das restliche Vesper zu verspeisen. An den Besuch einer Gaststätte mit ihm zusammen war nicht zu denken. Eine neue Windel mußte er ebenfalls endlich bekommen. Plötzlich brach die ganze Verzweiflung der letzten Stunden über mich herein. Wieso wurde mir zugemutet, mit einem so schwierigen Kind das alles durchzustehen? Der Sonderschullehrer hatte uns bei der Uni-Ambulanz angemeldet – also mußten die doch wissen, daß es sich um ein geistig behindertes Kind handelt. Warum immer wieder dieses abscheuliche, unmenschliche Verhalten der Ärzte? Wenn die Psychiatrie keine Ahnung von solchen Kindern hat, wer dann? Der durchgestandene Stress, die Diskriminierung, das fehlende Mittagessen – all das bewirkte, daß ich am Steuer hemmungslos schluchzte und dann auch noch zusätzlich fürchterliches Herzjagen bekam. – Warum war Martin nicht mitgekommen? Wenn er dabei gewesen wäre, hätten wir das Ganze zusammen durchstehen können. Wehmütig erinnerte ich mich an Franks Säuglingszeit, als er noch ganz selbstverständlich überall mit dabei war. Gerade eben hatte ich gelernt, allein unter Menschen zu gehen und den Mund aufzumachen.

Ein Wunder, daß wir heil nach Hause gekommen sind. Der Tag ist mir noch heute als besonders düster in Erinnerung.

Schneller, als ich gedacht hatte, meldete sich das Behandlungsheim. Ich bekam einen Termin in der psychologischen Beratung. Diesmal sorgte ich vor und nahm wirklich genug zum Essen und zum Trinken mit. Mein Vater erklärte sich bereit, mit mir zusammen hinzufahren und während der Beratungszeit auf Frank aufzupassen. Wir kamen pünktlich an und wurden von einer freundlichen Psychologin begrüßt. Die zweistündige Beratung, die dann folgte, war für mich wie «der Himmel auf Erden».

Endlich war ich auf jemanden getroffen, der bei meiner Schilderung nicht ungläubig die Augenbrauen hochzog. Jemand, der solche Verhaltensstörungen kannte und viele solcher Kinder schon gesehen hatte. Ich lernte eine Frau kennen, die Frank nicht Mißtrauen und Verachtung, sondern Verständnis und Achtung entgegenbrachte. Das Beratungs- und Behandlungszentrum befand sich in freundlichen, nur mittelgroßen Neubauten, umgeben von einer herrlichen Waldlandschaft. Welch ein Unterschied zu den uralten Backsteinbauten der Tübinger Psychiatrie! Bei dem langen Beratungsgespräch hat die Psychologin alle Verhaltensweisen von Frank genau analysiert. Ich erfuhr, daß seine massiven Abwehrreaktionen auf eine Überempfindlichkeit im Bereich der Hände und des Kopfes hinweisen. Ich erzählte, daß ich zwar das Bestreben habe, mich durch seine Autoaggressionen nicht herausfordern zu lassen, daß ich das aber im allgemeinen nicht durchhalte. Außerdem konnte mir bis zum damaligen Zeitpunkt niemand Unterstützung geben, ich stand bei diesen Problemen völlig allein da, und jetzt konnte die Psychologin mir begreiflich machen, daß ich genau falsch reagiert hatte. Manchmal schrie ich ihn an, ein anderes Mal versuchte ich, ihn zu trösten. Die Beraterin konnte mir plausibel machen, daß sowohl der Trost als auch das Anschreien eine Verstärkung des Schlagens bedeuten! Ich mußte auch zugeben, daß ich Frank gerade dann nicht beachtete, wenn er sich ruhig verhielt, daß ich ihn dann «linksliegen ließ», um endlich etwas arbeiten zu können. Schon lange hatte ich gespürt, daß Frank es irgendwo «genoß», wenn er mich aus der Fassung brachte, daß er sich noch mehr in sein Toben hineinsteigerte, wenn ich versuchte, ihn zu trösten. Wie schwer ist es doch, «althergebrachte» Reaktionen zu ändern!

Aber jetzt hatte ich eine «Insel im Meer des Unverständnisses» gefunden. Ich erfuhr das Grundprinzip der Verhaltenstherapie: Erwünschtes Verhalten wird durch Beachtung, Belohnung verstärkt – unerwünschtes durch striktes Ignorieren «sinnlos gemacht». Das Gespräch hat mir ungeheuren Auftrieb gegeben. Glücklich, endlich das Richtige gefunden zu haben, und mit einer festen erzieherischen Konzeption verließ ich das Sprechzimmer. Ich versprach, daß wir uns um einen konsequenten Stil bemühen, das heißt, wir geben ihm volle Aufmerksamkeit, wenn er sich wie erwünscht verhält; falls er sich schlägt, beachten wir ihn nicht. Versucht er, durch Schreie oder Zerstören von Gegenständen auf sich aufmerksam zu machen, wird er zweimal ruhig und in einheitlichem Tonlaut verwarnt, danach wird er in einem ablenkungsarmen Zimmer isoliert, aus dem er sofort befreit wird, wenn er sich beruhigt hat. Über diese Methode war ich doch etwas schockiert! Ich gab zu bedenken, daß er dann fürchterlich in dem Zimmer toben und sich womöglich verletzen wird. Die Beraterin hingegen meinte, Frank würde bei entsprechender Konsequenz die Sinnlosigkeit seines Tuns schneller begreifen, als wir glauben. Da wir große Schwierigkeiten mit Franks «Zerreißleidenschaft» hatten, wurde mir geraten, ihm einerseits Material zum Zerreißen zur Verfügung zu stellen, ihm dabei aber auch genau zu erklären, was er nicht zerreißen darf. Sollte er sich nicht daran halten, dann erfolgt zweimalige Verwarnung mit dem Hinweis auf das «genehmigte Material»; danach Strafe durch Isolierung. Um seine Ängste vor Berührungen abzubauen, sollte ich mehrmals täglich mit ihm sogenannte «Tastübungen» durchführen. Das sieht so aus, daß dem Kind an den empfindlichen Stellen (Hände, Gesicht) verschiedene Berührungsreize geboten werden, erst mit weichem (Wolle) und dann mit festerem Material (Bleistift). Die Übungen müssen unter sehr angenehmen Bedingungen stattfinden, das heißt Zuwendung, wenig Ablenkung im Raum, Belohnungen für das «Ertragen» der Reize. Sie müssen abgebrochen werden, bevor sich das Kind zur Wehr setzt, damit es nur angenehme Erinnerungen damit verbinden kann. Frank sollte dabei auch lernen, auf Wünsche von mir einzugehen und sich zu konzentrieren.

Ich war fasziniert von der Idee dieser Tastübungen, gleichzeitig war mir aber auch klar, daß es schwierig sein wird, sie mit Frank durchzuführen. Zum Schluß bekam ich noch eine Anleitung durch eine Video-Recorder-Aufzeichnung. Ein zwölfjähriger geistig behinderter Junge wurde gezeigt, der die Tastübungen teils widerstrebend, teils genießerisch über sich ergehen ließ. Die Psychologin machte mich auf eine lichte Stelle in seinem Haar aufmerksam: Seine Autoaggressionen bestanden darin, sich die Haare auszureißen. Ich war erschüttert und gleichzeitig gerührt über die liebevolle Art, in der man mit diesen Kindern hier umging. Der Vormittag hat sich auf jeden Fall gelohnt, die Hilfe war gerade noch rechtzeitig gekommen. Wieder mußte ich daran denken, was uns wohl erspart geblieben wäre, wenn ich früher auf diese Hilfe gestoßen wäre.

Daß die folgende Zeit schwer werden würde, wußte ich – aber sie wurde wirklich sehr schwer! Frank begriff natürlich ganz und gar nicht, daß ich jetzt plötzlich seine Autoaggressionen nicht mehr beachtete. Er versuchte alles, um mich in gewohnter Weise aus der Fassung zu bringen. Als das nichts half, fing er an, mit dem Kopf gegen mich zu schlagen, Gegenstände umherzuwerfen und seine Kleidung zu zerbeißen. Ich war verzweifelt darüber. Wenn die Situation zu schlimm wurde, habe ich ihn in sein Zimmer geführt und die Tür zugemacht, aber ich brachte es einfach nicht fertig, sie abzuschließen. Somit half das gar nichts, denn er kam sofort wieder heraus und tobte weiter. Große Mühe gab ich mir, mit ihm die Tastübungen durchzuführen. Beim erstenmal ließ er sie relativ ruhig über sich ergehen – aber dann war es aus. Er krabbelte wieder kichernd davon in der Erwartung, daß ich mich ihm anschließe. Warum nur ging er kein bißchen auf mich ein. Hatte sich diese Situation schon zu sehr zwischen uns «eingeschliffen?»

Ich sprach mit Martin über die Frage, ob wir ihn doch einmal für zwei Monate zu einer «Kurzzeittherapie» geben sollen. Er war zunächst skeptisch, zu oft waren wir schon von Krankenhäusern und dergleichen enttäuscht worden. Nach dem letzten Krankenhausaufenthalt hatten wir ja beschlossen, ihn möglichst nicht mehr aus der Hand zu geben. Andererseits kamen wir wirklich nicht mehr recht weiter. Wir entschlossen uns, es doch einmal zu probieren.

Ich meldete ihn an, und wir bekamen eine Aufnahmezeit, die von Anfang August bis Ende September reichte. Als wir das wußten, haben wir einen vierzehntägigen Urlaub während dieser Zeit nach Mallorca gebucht. Ich freute mich, endlich mal richtig Urlaub machen zu können. Am Tag der Aufnahme fuhr ich allein mit Frank los, in der beklommenen Erwartung, wie er wohl reagieren würde. Es ging besser, als ich dachte: Frank lief sogleich zu den Kindern hin, und vergaß mich schnell. Seine Beziehung zu mir war noch so mangelhaft, daß er den Abschied nicht bewußt wahrnahm. Etwas wehmütig verließ ich den Ort, sagte mir aber auch, daß es uns nicht so belastet, wenn er uns nicht allzu sehr vermißt.

Es wurde ein herrlicher Urlaub, zum erstenmal seit Jahren hatten wir Gelegenheit, schwimmen und tanzen zu gehen! Wir lernten ein nettes Paar kennen, mit dem wir ab und zu etwas unternommen haben. In der Appartement-Anlage herrschte eine zwanglose Ferienatmosphäre.

Als wir braun gebrannt und erholt zurückgekehrt waren, rief ich sogleich meine Schwiegermutter an, weil sie während unseres Urlaubs den «Besuchsdienst» übernommen hatte. Sie erzählte etwas hektisch, daß Frank krank gewesen wäre. Bei der zuständigen Erzieherin erfuhr ich dann, daß es doch nicht so schlimm gewesen ist. Er hatte für ein paar Tage Durchfall gehabt, und dann aß er auch noch aus Protest recht wenig, weil ihn das Heim auf eine etwas gemischtere Kost umstellen wollte. Auf jeden Fall war Frank beim ersten Besuch sehr schwach auf den Beinen gewesen, und darüber waren die Schwiegereltern erschreckt. Danach ist es aber gut mit ihm gegangen. Wir haben ihn dann jeden Sonntag besucht. Als ich ihn zum erstenmal wiedersah, kam er mir so klein, schmächtig und «püppchenhaft» wie noch nie vor. Immerhin hatten wir ihn vier Wochen nicht gesehen. Auch seine Stimme erschien mir ungeheuer zart und hoch. Seine autistischen Züge fielen mir in dieser Situation wieder besonders auf, weil wir vor lauter Wiedersehensfreude alle vier auf einmal auf ihn einredeten. Das waren zu viele Reize für ihn, sein Gehör «schaltete einfach ab», das heißt, man sah ihm an, daß er jetzt kein Wort mehr verstand. Bei diesem ersten Wiedersehen verhielt sich Frank mir gegenüber etwas distanziert im Gegensatz zu den Großeltern, die ihn schon mehrmals besucht hatten. Aber was bedeutete das schon, wenn man von seinen Fortschritten im Heim hörte! Offensichtlich hatte ihm der konsequente Stil der Therapeutin sehr gutgetan. Die Erzieherin erzählte mir, daß Frank nach einer Aufforderung, die lauter wiederholt wurde, genau prüft, ob sie es ernst meint oder nicht. Das war völlig neu für mich. Tapfer kämpfte ich gegen so etwas wie «verletzten Mutterstolz» an. Warum sollte ich ihren Erfolg nicht anerkennen, sie war wirklich sehr engagiert und hatte eine gute Beziehung zu Frank gefunden. Sie erzählte mir, daß viele Mütter mit einer positiven Verhaltensänderung ihres behinderten Kindes während der Therapie gar nicht gut fertig werden würden, weil sie sich dann «überflüssig» vorkommen!

Ich wußte auch, daß die positiven Bedingungen im Heim zu Hause kaum verwirklicht werden können. Das Haus lag ebenerdig, mit Zugang zu einer großen Terrasse und Spielwiese, wo sich die Kinder austoben konnten. Wir lebten damals in einer engen Dachgeschoßwohnung mit nur winzigem Balkon. Die Zimmer der Kinder waren geräumig, zweckmäßig und kindgerecht ausgestattet, was in der «Kleinfamilien-Wohnung» immer nur bis zu einem gewissen Grad möglich ist, weil die Interessen von Erwachsenen und Kindern zu sehr auseinanderklaffen. Eine Bezugsperson war für nur zwei Kinder zuständig und konnte sich ihnen daher umfassend widmen. Auch waren für die groben Putzarbeiten andere Frauen da – die alte Personal- und Geldfrage. Auch das darf man nicht vergessen: Die Erzieherinnen haben ihren festen Arbeitstag, ihre freien Tage und ihren Urlaub; wir Mütter müssen rund um die Uhr, ob Werktag oder Wochenende, für das Kind da sein. Ist es da ein Wunder, wenn wir nicht ganz so gute Nerven haben?

Ich schob solche Gedanken also schnell beiseite und war froh, daß Frank in einer so guten Einrichtung gefördert wurde.

Am überraschendsten war, daß er die Tastübungen mit seiner Erzieherin genoß und über sich ergehen ließ. Am Tag seiner Entlassung konnten wir eine Video-Aufzeichnung darüber sehen, sonst hätten wir es gar nicht geglaubt! Mit Hilfe der in der Verhaltenstherapie angewandten «Verstärker» lernte Frank: Mit dem Löffel allein essen, Klötzchen mit einem Loch in einen passenden Stab stecken, auf dem Topf sitzen bleiben, beim Anziehen mithelfen, sich nicht mehr so stark gegen die Handführung wehren. Seine Autoaggressionen konnten durch konsequentes Nichtbeachten abgemildert werden, so daß gar keine Isolierung notwendig war!

Der unerwartete Erfolg der Therapie hat mir doch zu denken gegeben. Wieso war mir das nicht gelungen? Ich war froh, daß ich noch andere Interessen hatte und mich mir gegenüber demzufolge nicht gewaltsam als «Erfolgsmutter» beweisen mußte. Ich konnte mir vorstellen, daß eine Mutter, die «nur für ihr Kind lebt», durch eine solche Erfahrung wirklich in eine Persönlichkeitskrise geraten kann. Frank (und den anderen Kindern) hat ganz einfach der Umgebungswechsel gutgetan: der Zwang, sich neuen Personen gegenüber verhaltensmäßig neu einstellen zu müssen. Für mich der Beweis, daß Erziehung unter entsprechenden Bedingungen auch außerhalb der Familie und ohne die «richtigen Eltern» sehr gut funktionieren kann. Leider habe ich keine der anderen Mütter näher kennengelernt, weil die Besuchszeiten mit der Wiedersehensfreude und dem Kind ausgefüllt waren.

Am Tag der Entlassung haben wir an einem Elternseminar teilgenommen, es war anstrengend, aber auch lehrreich. Mit Hilfe verschiedener Rollenspiele wurde uns die Situation eines autistischen Kindes «hautnah» beigebracht. Es wurden Paare gebildet, wobei der eine die Augen stets geschlossen halten und der andere ihn «führen» mußte. Wir wurden aufgefordert, unsere Gefühle während des «Blindseins» zu beschreiben und zogen dann gemeinsam die entsprechenden pädagogischen Konsequenzen: Daß die Aufforderungen deutlich genug gestellt werden müssen, daß der Erzieher nicht unter innerer Spannung stehen darf, daß das Kind trotz «Sinnesbehinderung» nicht überbehütet werden darf, sondern sich aktiv mit Aufgaben auseinandersetzen muß. Unnötige Reize vermeiden, damit sich das Kind auf die Wahrnehmung konzentrieren kann, nicht zu mehreren auf das Kind einsprechen, es aus der Nähe und mit Namen ansprechen, deutliche Unterschiede zwischen Lob und Tadel zeigen, dem Kind nicht ironisch gegenübertreten, Gefühle dem Kind zeigen, aber nicht an ihm auslassen. Eine weitere Übung bestand darin, daß jeweils drei Personen eine Familie, also Eltern und Kind, darstellen. Die «Eltern» wurden aufgefordert, zwei völlig verschiedene Aufgaben zur gleichen Zeit dem Kind zu geben, das «Kind» erzählte dann von seinen Gefühlen dabei. Bei diesem Spiel wurde uns klar, wie wichtig eine konsequente Erziehung ist, daß Eltern, Großeltern und sonstige Bezugspersonen sich aufeinander abstimmen müssen.

Das Seminar hat mir großen Spaß gemacht, und danach konnten wir Frank gleich mitnehmen. Trotz aller Freude fühlte ich mich auf der Heimfahrt etwas beklommen: Wie würde ich in nächster Zukunft mit Frank fertig werden? Bei dem Seminar war ein Elternpaar dabeigewesen, dessen mongoloide Tochter schon zum zweitenmal bei der Kurzzeittherapie war. Ihre Erziehungsschwierigkeiten bestanden darin, daß sie immer wieder bei völlig harmlosen Anlässen stundenlange Schreikrämpfe bekam. Während der Therapie traten die Schreikrämpfe kaum hervor; wenn es doch passierte und sie in ein ablenkungsarmes Zimmer gebracht wurde, dann beruhigte sie sich schnell wieder. Wie war das nur möglich? Als wir von der häuslichen Situation der Familie hörten, wurde uns vieles klar: Es waren noch zwei gesunde Kinder da, und die fünfköpfige Familie lebte sehr beengt in einer Drei-Zimmer-Wohnung.

Die Möglichkeit eines «ablenkungsarmen Zimmers» war also noch weniger vorhanden als bei uns. Zu alldem beschwerte sich auch noch ständig die Nachbarschaft über das Schreien des behinderten Kindes! Die Mutter gab zu, daß sie in dieser Situation nicht fähig ist, das Verhalten des Kindes zu ignorieren. Die Folge davon war: Das behinderte Kind hatte die Mutter «in der Hand» – die gesunden Kinder fühlten sich vernachlässigt und hatten begonnen, die Mutter ebenfalls damit zu erpressen, indem sie das behinderte Kind zum Schreien provozierten. Wir waren erschüttert über diese Schilderung, und der Mutter merkte man auch deutlich ihre Überforderung an. Was nützt die beste Therapie, wenn nicht die äußere Situation dafür vorhanden ist! Konnte man es der Mutter verübeln, daß sie resignierte, keine Kraft mehr zum Weiterkämpfen hatte? Auch die Psychologin kam zu dem Ergebnis, daß ein Heimaufenthalt nicht mehr zu umgehen war.

Die ersten zwei Wochen, die Frank wieder zu Hause verbrachte, waren eine harte Nervenprobe für mich. Die Therapeutin hatte mir gesagt, ich erreiche nur dann eine dauerhafte Änderung seines Verhaltens, wenn ich mich selbst «ganz anders verhalte». Dabei war mir eingefallen, daß ich ja auch Martin gegenüber mein Verhalten radikal geändert hatte und daß unsere Beziehung auf dem Weg der Besserung war! Frank versuchte mit aller Kraft, die alte Situation zwischen uns wiederherzustellen. Ich bestand jetzt darauf, daß er auch bei mir eine Weile auf dem Topf sitzen bleibt. Frank schrie und schlug sich, und als ich mich nicht aus der Ruhe bringen ließ, schlug er gezielt gegen seine Nase – bis er Nasenbluten bekam. Ich war verzweifelt – jetzt durfte ich doch nicht nachgeben, sonst hätte er es beim nächstenmal wieder gemacht! Schluchzend beseitigte ich die Blutspuren und paßte eine «Verschnaufpause» ab, um ihn dann so schnell wie möglich vom Topf herunterzuholen. Warum hatte ich mich nur wieder aus der Fassung bringen lassen? Frank tobte in dieser ersten Zeit so viel wie noch nie. Wir beschlossen, alles auf eine Karte zu setzen und ihn gegebenenfalls auch kurz zu isolieren – schlimmer konnte es nicht mehr werden. Wir führten ihn also mit den Worten: «Wenn du ruhig bist, kannst du wieder herauskommen» – möglichst ruhig in sein Zimmer und schlossen ab. Drinnen hörte man ihn mit dem Kopf gegen die Wand schlagen unter heftigem Brüllen. Sobald er still war, holten wir ihn genauso gefaßt wieder heraus. Der Zweck dieser Maßnahme liegt auch darin, dem autistischen Kind den «Wert menschlicher Nähe» zu vermitteln. Ist der ihm ein bißchen bewußt geworden, dann wird es auch mehr dafür tun, sie sich zu erhalten. Ich möchte noch hinzufügen, daß diese Methode wirklich nur bei derart extremen Verhaltensstörungen angebracht ist – und dann auch nur unter psychologischer Anleitung. Bei Frank war sie deshalb angezeigt, weil er auch ohne das Einsperren sich selbst schädigte. Auf jeden Fall hat uns der Erfolg recht gegeben. Tatsächlich milderten sich seine Autoaggressionen im Laufe der nächsten Monate erheblich. Sooft ich es konnte, habe ich ihn angesprochen und bestätigt, wenn er ruhig war. Fast jeden Tag spielte ich mit ihn, und die Belohnung mit seinen geliebten Salzstangen erreichte, was ich nie für «menschenmöglich» gehalten hatte: Frank gab sich Mühe, die Klötzchen in den Stab zu stekken. Allerdings versuchte er auch hierbei, seine mangelhafte «Auge-Hand-Koordination» zu umgehen. Er entwickelte ein ungeheures Geschick, die Aufgabe «blind» zu lösen. Ich meinerseits versuchte dem entgegenzuwirken, indem ich den Stab hin- und herbewegte, damit er gezwungen war hinzusehen. Langsam gab ich ihm immer seltener eine Belohnung, statt dessen «nur» Lob und Zuwendung. Es muß unser Ziel sein, das Kind so zu erziehen, daß es nicht nur dann etwas tut, wenn «etwas dabei herausschaut». Autistische Kinder sind so stark in ihren Ritualen und Stereotypen gefangen, daß es vorübergehend dieser «materiellen Bestechung» bedarf, um sie zu sinnvoller Tätigkeit zu animieren. Anfangs habe ich mich dagegen gewehrt, doch mit der Zeit mußte ich einsehen, daß es anders nicht geht. Ganz im Gegensatz dazu haben gesunde Kinder das Bestreben nach sozialer Anerkennung, nach körperlicher Zuwendung und Selbstannahme. Werden diese Bedürfnisse erfüllt, dann sind sie auch bereit, ihren Teil zur Gemeinschaft beizutragen. Die «materielle Bestechung» ist also eine sonderpädagogische Maßnahme, um autistische Kinder aus ihrer Selbstbezogenheit herauszuholen, um die völlig fehlende Spielmotivation zu ersetzen, und überhaupt einen Anstoß zur Entwicklung zu geben. Bei gesunden Kindern ist sie unangebracht.

Die Durchführung der Tastübungen war weiterhin problematisch. Frank ließ sie nur sehr kurzzeitig über sich ergehen. Dann stellte sich heraus, daß er sie bei Martin eher duldete als bei mir. Also hat er sie hin und wieder mit ihm durchgeführt. Am erleichterndsten für mich war, daß Frank jetzt allein mit dem Löffel essen konnte. Endlich mußte ich mit meinem Essen nicht mehr warten, bis er fertig war. Dieser Fortschritt war nur deshalb erreicht worden, weil man ihm konsequent für jeden selbständigen Löffel einen Schluck seines Lieblingsgetränks zugestanden hatte. Auch Brot essen hatte er mit Hilfe dieser Methode gelernt. Wir merkten, daß sich die eiserne Konsequenz tatsächlich lohnte. Ich sprach Frank nicht mehr zehnmal «resignierend-flehentlich-bittend» an, sondern gleich beim zweitenmal entsprechend ernst und resolut. Danach half ich ihm notfalls unter Handführung, der Aufforderung nachzukommen. Eine zehnmal wiederholte Aufforderung, die letzten Endes nicht befolgt werden muß, wird zur Geräuschkulisse, die nicht voll wahrgenommen wird. Kinder, die so reagieren, bezeichnet man sehr treffend als «muttertaub». Langsam überwand ich auch die Angst, in der Öffentlichkeit «autoritär und herrschsüchtig» zu erscheinen. Einem autistischen Kind muß man kontrastreich entgegentreten, also extrem zärtlich und extrem resolut, um es aus seiner Abkapselung herauszuholen!

Unlösbar jedoch blieben die Reaktionen der Umwelt. Auch die Kindergärtnerin meinte, daß sie die Selbstaggressionen und das Spucken nicht ignorieren könne, weil es die übrigen Kinder nachahmen. Ich hatte das Gefühl, daß man in der Sonderschule noch nichts von Verhaltenstherapie gehört hat und auch nicht sehr daran interessiert ist, etwas darüber zu erfahren. Ein halbes Jahr später passierte nämlich folgendes: Bei strahlendem Sommerwetter versammelten sich Eltern und Kinder auf einem umzäunten Wiesengelände, um ein kleines Sommerfest zu feiern. Frank war aufgewühlt und durchgedreht wie immer bei solchen Anlässen, und schlug sich demzufolge auch mal an den Kopf. Der dabei anwesende Konrektor fragte: «Wird er zu Hause viel geschlagen, wenn er sich selbst schlägt?» – Diese Bemerkung hat mich schwer getroffen. Ich sagte nichts, obwohl ich so viel zu sagen gehabt hätte. Auf der Straße spürte Frank, daß ich dort auf seine Autoaggressionen nicht so gelassen reagieren kann. Die Folge davon war, daß sich diese Verhaltensstörung jetzt überwiegend auf der Straße zeigte. Zu Hause biß sich Frank hin und wieder Löcher in die Kleidung, wenn er seine Wut bekam. Um auch damit einigermaßen gelassen fertig zu werden, mußte ich ihm im Haus alte Pullover anziehen, sonst hätte er diese Variante genauso gesteigert wie das vorherige Schlagen.

Verhaltenstherapie ist kein Wundermittel, und sie darf nicht in eine maßlose Manipulation des Kindes ausarten. Auch haben wir bald begriffen, daß kein Mensch wirklich stur konsequent handeln kann! Wichtig ist, so konsequent wie möglich zu reagieren, und vor allem – eiserne Ruhe zu bewahren. All das ist wiederum nur möglich, wenn man ausgeglichen und mit sich selbst zufrieden ist, wenn man sein Leben also so einrichtet, daß möglichst wenig Aggressionen auf die Beziehung zum Kind übertragen werden. Die Verhaltenstherapie hat uns und Frank geholfen, und ich beschreibe sie deshalb so genau, weil sie in der Öffentlichkeit, ja selbst in Behinderteneinrichtungen nicht sehr bekannt ist. Wer sie nicht kennt, der blockiert alle Bemühungen unbewußt dadurch, indem er den Verhaltensstörungen der Kinder unangebrachte Beachtung schenkt.

Später haben wir Frank noch einmal zur Kurzzeittherapie gegeben. Sein Spielverhalten war wieder etwas schlechter geworden, was er einmal kann, interessiert ihn plötzlich nicht mehr und dann verlernt er es wieder. Auch die Aussicht auf eine Belohnung konnte ihn nicht mehr so recht motivieren. Immer noch fiel es ihm schwer, Bewegungen konzentriert mit den Augen zu verfolgen. Sein Blickkontakt wurde jedoch unauffällig, und er begann sogar, nach mir zu verlangen, wenn ich weg war. Als ich ihn diesmal im Heim «ablieferte», weinte er herzzerreißend! Mit einem dicken Kloß im Hals verabschiedete ich mich und mußte auf der Heimfahrt ebenfalls schluchzen. Ich weinte weniger aus Schuldgefühl, sondern weil mir die Schwere seiner Behinderung überdeutlich wurde. Der Alltag war so anstrengend, daß mir diese Tatsache selten voll ins Bewußtsein kam. Warum kann er nicht so sein wie alle anderen Kinder auch, warum wird er niemals in der Lage sein, ein freies und selbstverantwortliches Leben zu führen? Ich weiß, daß es darauf keine Antwort gibt, am allerwenigsten die, daß ein göttliches Wesen das Schicksal der Menschen bestimmt. Trotz dieses schweren Schicksalsschlags fühle ich mich besser, seit ich mir selbst – und nicht einem Gott verantwortlich bin, der viele Menschen vor Angst nur innerlich erstarren läßt.

Macht unsre Bücher billiger! . . .

6 Behindertes Kind und Emanzipation – ein Widerspruch?

Warum ein behindertes Kind den «Weiblichkeitswahn» in Frage stellt

Wer sich in der heutigen Gesellschaft umsieht, der findet eine tiefe Kluft zwischen den Geschlechtern. Frauen sind: «Gefühlsbetont, nach innen gewandt, schützend, helfend, mehr auf den Menschen als auf die Dinge bezogen – aber auch politisch und technisch unbegabt, wenig verschwiegen, wenig selbstbewußt, gefühlsmäßig übertreibend, depressiv, masochistisch, launisch.» Ich habe sozusagen die positiven Eigenschaften den negativen gegenübergestellt, wobei die zweite Gruppe teils Vorurteil, aber auch Wirklichkeit ist. Männer dagegen sind: «Auf die dingliche Welt bezogen, rational, kämpferisch, politisch und technisch begabt, selbstbewußt – aber auch mechanisch, gefühlskalt, sadistisch, autoritär, dem Menschlichen abgewandt.» Bei der zweiten Gruppe der Eigenschaften handelt es sich um das «exzessive Ausleben» der erstgenannten, also um den sogenannten Männlichkeits- und Weiblichkeitswahn. Mann und Frau werden sozusagen in zwei gänzlich verschiedene Wesen «aufgespalten», wobei das eine die genau entgegengesetzte Eigenschaft des anderen vorweisen soll! Man(n) versucht, dies damit zu erklären, daß nur Frauen fähig sind, Kinder zu gebären und zu stillen. Gewisse Kräfte in unserer Gesellschaft behaupten auch, es handle sich um völlig gleichwertige Rollenbilder, wobei beide Partner sich in wunderbarer Weise ergänzen. Wie lächerlich! Zwischen mir und Martin gab es solange keine Brücke, wie wir uns absolut «rollenkonform» verhalten haben. Nur in der Zeit der übergroßen Verliebtheit, der völligen gegenseitigen Idealisierung, entsteht eine solche scheinbare, «vollkommene Übereinstimmung».

Daß die beiden Rollenbilder nicht gleichwertig sind, merkt man schon an der männlichen Verachtung gegenüber allem Weiblichen. Wenn zum Beispiel mein Vater in meiner Kindheit sagte, er brauche im Haushalt keinen Finger rühren, weil ja vier Frauen da sind, dann ist das eine ungeheure Verachtung gegenüber «weiblicher» Tätigkeit. Wenn kleine Jungen sich empört weigern, mit Puppen zu spielen, wobei kleine Mädchen gern mal mit Jungenspielzeug umgehen, dann ist es das gleiche. Wenn meine Mutter gesagt hat: «Männer brauchen das eben», dann ist das eine tiefe Mißachtung ihrer eigenen – sexuellen – Bedürfnisse, eine von der Erziehung her übernommene Selbstverachtung. Wenn Männer Angst haben oder gar nicht fähig sind, ihre Gefühle zu reflektieren, dann heißt das nichts anderes, als daß sie eine «weibliche

Seite» in ihrem Wesen, und damit sich selbst, nicht achten könnten. Die Reihe läßt sich beliebig fortsetzen.

Ein behindertes Kind, stellt den Weiblichkeitswahn in Frage – warum? «Weiblich sein» bedeutet in unserer Gesellschaft doch vor allem, Kinder zu gebären und aufzuziehen, wobei dieses Aufziehen manchmal bis ins dritte Lebensjahrzehnt das erwachsenen «Kindes» reicht, weil die Ausbildungsansprüche immer höher werden. Frauen können Kinder zur Welt bringen, aber die «Natur» verdammt sie damit noch lange nicht, zwanzig Jahre lang allein für das Kind zu sorgen. Der Mensch ist zwar ein Teil der Natur, aber er ist doch weit über sie hinausgewachsen.

Der Mensch trägt ein großes Maß an Verhaltens-, Entwicklungs- und Ausdrucksmöglichkeiten in sich. Deshalb bedeutet es eine persönliche Einengung, wenn eine Hälfte der Menschheit gezwungen wird, ihr Glück nur in einem «Leben aus zweiter Hand» zu suchen! Weiblichkeits- und Mütterlichkeitswahn heißt, daß Frauen den größten Teil ihres Lebens mit der Kinderaufzucht verbringen, für alles rund ums Kind zuständig sind, möglichst keine weiteren Interessen haben, um die «Mutter-Kind-Beziehung» nicht zu gefährden! Diese durch männlichen Mund so oft gepriesene «Mutter-Kind-Harmonie» ist ein Trugschluß. Eine Mutter, die ihren Lebensinhalt nur im Kind sieht, wird immer irgendwo unzufrieden sein und bleiben. Diese Unzufriedenheit versucht sie dadurch auszugleichen, daß sie das Kind «nach ihren Wünschen» formt. Sie wird es so erziehen, daß es ihr einen Ausgleich für ihre innere Unzufriedenheit gibt. Das kann in positiver Form geschehen, wobei die Mutter das Kind unbewußt zwingt, so zu sein, wie sie gern sein möchte, genauso kann es in negativer Form geschehen, wobei das Kind die negative, verdrängte Seite der Mutter darstellt, sozusagen die «Sündenbockrolle» übernimmt. Beide Formen verhindern das Entstehen eines gesunden Selbstbewußtseins beim Kind, im Extremfall wird es verhaltensgestört und neurotisch.

Ein behindertes Kind stellt den Weiblichkeitswahn in Frage, weil es in den Augen von uns Normalen unvollkommen ist. Ein gesundes, intelligentes Kind, das womöglich noch gelernt hat, das «ideale Selbst» der Mutter darzustellen, ist für diese ein Ausgleich, ein Ersatz für die ihr sonst verschlossenen Lebensgebiete. Sie kann mit diesem Kind, das ja vor der Umgebung Beachtung und Anerkennung findet, ihr unzureichendes seelisches Gleichgewicht herstellen. Sie liebt das Kind also nicht um seiner selbst willen, sondern weil es ihr eine gewisse gesellschaftliche Anerkennung verschafft, die sie sich sonst nicht holen darf. Das normale, angepaßte Kind erfüllt also für seine in ihren Pflichten aufgehende Mutter eine bestimmte Funktion: Es sorgt dafür, daß die Mutter ihre Einengung, ihren eingeschränkten Bezug zur Außenwelt, ihr fehlendes Recht auf eigene Interessen und Kontakte, ihre wirtschaftliche Abhängigkeit und ihre politische Gesichtslosigkeit nicht so wahrnehmen kann, kurzum, es sorgt dafür, daß sie zufrieden ist mit ihrer Situation! Ein behindertes Kind kann diese Funktion nur sehr bedingt erfüllen. Mit ihm erntet die Mutter keine Bewunderung, sondern fragende, irritierte und schockierte Blicke! Eine Sonderstellung nehmen mongoloide Kinder ein: Sie sind in ihrem Verhalten so anpassungsfähig, daß sie in wunderbarer Weise die Rolle des «braven Kindes» übernehmen können. Auch hier bekommt die Mutter einen gewissen Ausgleich, übernimmt das Kind eine bestimmte Funktion zur Stabilisierung ihres seelischen Gleichgewichts. Anders ist es bei hirngeschädigten, verhaltensgestörten Kindern. Nicht genug, daß diese Mütter einer Vielzahl von Problemen mit dem Kind gegenüberstehen, die Gesellschaft macht es ihnen zusätzlich schwer. Ein gesundes Kind schafft seiner Mutter Anerkennung, denn es erklimmt ganz von allein eine Entwicklungsstufe um die andere, seine Neugier, seine Experimentierfreude und seine Nachahmungsbereitschaft treiben es voran. All das ist bei einem geistig behinderten Kind nur in Ansätzen vorhanden, es muß ihm mühevoll nahegebracht werden. Diesem Kind wird man es niemals ansehen, wie viel Mühe die Mutter sich mit ihm gemacht hat, weil keine Therapie aus einem behinderten ein gesundes Kind machen kann. Behinderung ist und bleibt medizinisch «unheilbar». Kein Außenstehender wird auch dem Kind ansehen, daß die vorhandene Entwicklungsstufe als Erfolg für das Kind angesehen werden kann, weil er ja nicht weiß, wie das Kind vorher war. Er wird nur das Abweichende, das Fremdartige, das «Komische» sehen, nicht die Gemeinsamkeiten, weil er die Gesellschaft von Behinderten nicht gewohnt ist. Er wird über das Benehmen des Kindes befremdet sein, und das Kind spürt diese Reaktion und wird sich noch mehr in seine abweichenden Verhaltensweisen hineinsteigern. Dieser Mechanismus ist ja schon zwischen Frank und nahen Verwandten vorhanden, um so mehr dann bei Fremden.

Die Mutter eines behinderten Kindes hat also keinen «Ausgleich» für die durch die Rollenfixierung entstehende «Persönlichkeitslücke», ihr bleibt nur der mehrfache Einsatz für das Kind bei fast völlig fehlender gesellschaftlicher Anerkennung.

Aus diesem Dilemma kommt man nur heraus, wenn man sich vom Mütterlichkeitswahn löst, Hilfe in Anspruch nimmt, um so trotzdem noch etwas Zeit für die Entwicklung der eigenen Persönlichkeit zu gewinnen. Eine Mutter, die neben dem (behinderten) Kind noch andere Interessen und Kontakte hat, ist innerlich so weit gefestigt, daß sie nicht auf ein «Herzeige-Kind» angewiesen ist! Sie ist jetzt viel mehr fähig, das Kind mit all seinen Schwächen und Unvollkommenheiten anzunehmen und auf dieser Basis das Nötige für die Förderung zu tun.

Auch der «Männlichkeitswahn» wird von einem behinderten Kind in Frage gestellt! Der «männliche» Mann ist in unserer heutigen Gesellschaft vor allem ein karrieresüchtiger Mann. Die Karriere bedeutet ihm alles, und er ist dafür bereit, einiges zu opfern. Um sie nicht zu gefährden, wird er sich nicht gegen Ungerechtigkeiten am Arbeitsplatz wehren, sondern «nach oben buckeln und nach unten treten». Er ist zu Überstunden bereit, auch wenn seine Freizeit damit stark beschnitten wird. Er lebt ebenfalls ein Leben «aus zweiter Hand», er opfert seine Persönlichkeit den Berufsinteressen. Dieses einseitige Leben bringt ihn dazu, nach einem Ausgleich zu suchen – und den findet er in einem gesellschaftskonformen Kind. Es soll ruhig, höflich, übergescheit sein, um so die für die Eltern so wichtige Funktion erfüllen zu können. Und wenn es sich dagegen auflehnt, dann wird es schon in die richtige Richtung «gelenkt».

Nach meinen Erfahrungen haben es Väter beinahe noch schwerer als Mütter, sich vom herrschenden Zwang zu lösen. Ihnen kommt die Rolle des «Ernährers» zu, die Familie ist vollständig von ihm abhängig. Vor allem, wenn ein behindertes Kind da ist, hat die Mutter kaum eine Möglichkeit mitzuverdienen. Es fordert so viel mehr Zeit als ein gesundes, daß es doppelt erleichternd ist, wenn arbeitssparende Elektrogeräte wie Waschmaschine usw. vorhanden sind. Die «Emanzipation des Mannes» scheitert also an den ökonomischen Gegebenheiten. Ich fühle mich nicht berechtigt, Martin zu zwingen, seinen Beruf weniger ernst zu nehmen. Ich glaube aber, daß das ein Grund dafür ist, daß er sich nicht so offen wie ich mit Behindertenproblemen auseinandersetzen kann. Ein Zwiespalt also – einerseits berechtigte wirtschaftliche Bedürfnisse – andererseits der angepaßte Mann, dem es besonders schwerfällt, ein behindertes Kind zu verkraften. Vielleicht könnte ich halbtags mitarbeiten, aber wohin dann mit dem Kind, wenn es krank ist? Es wäre weiterhin der Hauptverdiener, es würde sich also nichts Grundlegendes ändern. So scheint die Situation der Männer beinahe noch hoffnungsloser als die der Frauen, aber solange sie das nicht so empfinden und selbst etwas tun wollen, wird sich auch bei ihnen nichts ändern.

Warum symbiotische Beziehungen gefährlich sind

Die Haltung, die mit «Overprotection» (Überschützung) bezeichnet wird, ist durchaus verständlich. Behinderungen entstehen oft durch das Zusammentreffen mehrerer Ursachen, wie bei Frank durch einmalige vor- und zweifache nachgeburtliche Schädigung. Hinzu kommt, daß jedes dieser Kinder seine persönliche Leidensgeschichte hat, die aus Krankenhausaufenthalten, Eingriffen, Operationen, Heimaufenthalten besteht. Es ist also schon verständlich, daß viele Mütter ihr Kind vor weiterem Leid beschützen und ihm einen Ausgleich für das Überstandene geben wollen. Es ist verständlich – aber hilft es dem Kind wirklich? Die symbiotische Beziehung zum Kind ist oft so eng, daß die Mutter überzeugt ist, daß keine andere Person das Kind betreuen kann, auch nicht die Mutter eines ähnlich behinderten Kindes. Wie oft habe ich schon von einer gleichbetroffenen Mutter gehört, daß ich Frank zu ihr bringen kann, daß sie es aber ablehnt, ihr Kind mir zu geben! Damit ist eine Möglichkeit der praktischen Solidarität schon verschenkt, denn ich möchte schließlich nicht nehmen ohne zu geben. Überschützung zeigt sich auch darin, daß Mütter ihr Kind nicht oder kaum fordern. Ich rufe mir diese Gefahr immer wieder ins Gedächtnis und tue mein Möglichstes, sie zu vermeiden. Ein behindertes Kind beansprucht ungeheuer viel Zeit, und der Zeitgewinn, der dadurch entsteht, daß man das Kind zum Beispiel selbst anzieht, anstatt es probieren zu lassen, ist sehr verlockend.

Als «krankhafte Symbiose» betrachte ich vor allem die emotionelle Seite der Mutter-Kind-Beziehung. Solche Mütter geben ihr Kind nie außerhalb von Schule oder Kindergarten in fremde Hände; sie sind empört, wenn man sie darauf hinweist, daß auch für diese Kinder einmal die Ablösung vom Elternhaus kommen muß. Sie scheinen mit dem Kind regelrecht zu einer Einheit zu «verschmelzen», leben nur noch für dieses Sorgenkind. Wenn eine spätere Heimeinweisung zur Sprache kommt, sind sie derart entrüstet, daß man den Gedanken nicht loswird, daß es sich um eine «Vorwärts-Verteidigung» handelt: Irgendwo im Unbewußten ist der Wunsch so stark, daß Kind einfach wegzugeben, daß man mit den darauffolgenden Schuldgefühlen nur dadurch fertig wird, indem man jeden derartigen Gedanken empört von sich weist.

Diese Mütter sind nicht in der Lage, sich sachlich mit der Zukunft des behinderten Kindes auseinanderzusetzen. Sie wollen es vor allen Gefahren schützen, aber das ist ein Trugschluß. Keine Mutter kann ihr Kind vor jeder Gefahr schützen, viel zu viele Einflüsse entziehen sich unserer Kontrolle. Solche Mütter geraten unbewußt in eine «Mitleids-Haltung»: «mein armer Kleiner» signalisieren sie ständig. Nicht umsonst fordern aber die Behinderten-Verbände: «Nicht Mitleid wollen wir, sondern Verständnis!» Mitleid bedeutet, den Behinderten bedauern, über sein grenzenloses Unglück innerlich klagen, ihn vielleicht trösten, ihm vielleicht sogar helfen. Es bedeutet aber auch: Auf den Behinderten herabsehen, nur die fehlenden, körperlichen und geistigen Fähigkeiten wahrnehmen, nicht die verbliebenen, den Behinderten irgendwo auch wegen der gravierenden Defizite zu verachten. Mitleid haben schließt aber aus: Den Menschen trotz seiner Mängel als Persönlichkeit ansehen, ihm offen entgegenzutreten, ihm «Hilfe zur Selbsthilfe» zu geben, ihn zur Selbständigkeit zu ermuntern, an seine Fähigkeiten zu glauben! Mitleid ist eine Form von Menschenverachtung. Ein Behinderter, der Mitleid bei seinem Gegenüber spürt, der hat das Gefühl, nicht ernst genommen zu werden. Er fühlt sich in dieser Situation dem Zwang ausgesetzt, dieser Mitleidshaltung gerecht zu werden, das heißt einen entsprechend hilflosen Eindruck zu machen. Seine persönliche Freiheit, seine Selbstachtung wird eingeengt und es gehört eine besonders große Portion Selbstvertrauen dazu, nicht in lähmendes Selbstmitleid zu verfallen.

Eine Mutter, die Mitleid mit ihrem behinderten Kind hat, hindert dieses Kind daran, an sich selbst zu glauben, Schwierigkeiten gelassen entgegenzutreten, ein gesundes Selbstvertrauen zu entwickeln. Versucht sie, es vor jeder Gefahr zu schützen, dann drückt sie damit eine ängstliche Haltung aus. Diese Angst überträgt sich auf das Kind, und es wird um so weniger in der Lage sein, Schwierigkeiten mutig anzupakken. Jeder kennt die Situation, daß etwas schiefgeht, wovor man übergroße Angst gehabt hat. Angst ist sehr wohl angebracht, wenn es darum geht, eine Überschätzung der eigenen Fähigkeiten und damit eine Gefahrensituation zu vermeiden. Sie kann aber auch übertriebene, neurotische Formen annehmen.

Warum ist bei Müttern behinderter Kinder die Gefahr besonders groß, in eine extrem symbiotische Beziehung zum Kind zu verfallen? Wieder ist es der Rollenzwang und der Weiblichkeitswahn! Diese Mütter praktizieren in übertriebener Form, was männliche Wissenschaft als «Normalität» preist. Unbewußt ahnen sie wohl, daß die «Nur-Hausfrau und Mutter» auf ein Kind angewiesen ist, das genügend gesellschaftliche Anerkennung findet. Diese Rolle kann das behinderte Kind nur ungenügend «spielen». Die Mutter versucht also, dieses Defizit wettzumachen. Sie überschützt ihr Kind und hält es damit mehr als notwendig in Abhängigkeit, behindert damit auch die Selbständigkeitsentwicklung. Ein Kind, das kaum andere Betreuungspersonen gewohnt ist, bietet dieser auch einen gewissen Ersatz für seine fehlende gesellschaftliche Anerkennung. Es ist derart von ihr abhängig, daß sie überall unbewußt signalisieren kann: «Seht her – was für eine gute Mutter ich bin – wie ich mich aufopfere!» Die Mutter kann sogar von der «Schwachheit und Unvollkommenheit» ihres behinderten Kindes gänzlich abhängig werden – und ist sie das einmal, dann wird sie unfähig, das Kind echt zu fördern, weil damit auch immer ein Schritt weg von ihr verbunden ist. Sie wird unbewußt das Kind in seiner Abhängigkeit zu halten suchen, und das kann irgendwann in die Katastrophe führen. Es kommt gar nicht so selten vor, daß eine Mutter ihr behindertes Kind sogar mit in den Tod nimmt.

Mütter und Väter von behinderten Kindern haben also die große Chance, sich von einem im Grunde unmenschlichen Rollenzwang zu lösen. Nur wer sich nicht auf ein Rollenbild reduzieren läßt ist fähig, einem behinderten Kind den nötigen Halt zu geben, ohne es von sich abhängig zu machen. Ein behindertes Kind stellt eine Aufforderung an die Mutter dar, ihr Leben und damit auch das ihres Kindes in die Hand zu nehmen und nicht in eine verkrampfte «Opferhaltung» zu verfallen. Es kommt gar nicht so sehr darauf an, wieviel Therapien sie mit dem

Kind absolviert, sondern vielmehr, welche Haltung sie dabei dem Kind gegenüber einnimmt. Ist sie ein zufriedener Mensch, der neben dem Kind auch noch – möglichst ohne Schuldgefühle – andere Interessen wahrnimmt, dann wird sie während der verbliebenen Zeit dem Kind viel mehr geben können. Gerade die «aufopferungsvollen Mütter», die ständig mit ihrem Kind zusammen sind, verhalten sich ihm gegenüber oft oberflächlich, nervös, teilnahmslos. Die ständige Überforderung durch das Kind, die sie selbst hervorrufen, hat zur Folge, daß sie gar nicht mehr fähig sind, das Kind offen, mit Blickkontakt, interessiert anzusprechen. Sie sind nicht fähig, dem Kind Achtung entgegenzubringen, weil sie sich selbst gegenüber auch keine Achtung haben! All das, was ich hier geschrieben habe, gilt im Grunde auch für Mütter von gesunden Kindern. Auch sie geraten leicht in eine – in diesem Falle noch grundlosere – Opferhaltung.

Was man von Eltern behinderter Kinder lernen kann

Frank ist nicht nur ein geistig behindertes Kind, sondern auch zusätzlich ein verhaltensgestörtes. Unangepaßte Verhaltensweisen treffen die Gesellschaft empfindlicher als geistige Defizite, weil zu viele zuviel Wert auf Manieren, Benehmen, auf «das, was sich gehört» legen! Brauchen wir alle diese Benimmregeln so sehr? Haben wir Angst, etwas von unserem wahren Gesicht zu zeigen, müßten wir uns seinetwegen schämen? Ich meine, je mehr Regeln eine Gesellschaft für die zwischenmenschliche Begegnung aufstellt, um so mehr zweifelt sie daran, daß die einzelnen Mitglieder zu spontaner Mitmenschlichkeit fähig sind. Die starren Regeln sollen sozusagen die fehlende Mitmenschlichkeit ersetzen bzw. vertuschen. Ich habe an mir selbst die Erfahrung gemacht, daß es eine Höflichkeit gibt, die von innen kommt, die dann wie von selbst da ist, wenn man sich in seiner Haut wohl fühlt. Wer ein ausgeglichenes Wesen hat, der erweckt Sympathie, auch wenn er sich nicht stur an gesellschaftliche Regeln hält. Ich glaube nicht, daß eine gewisse «Zufriedenheit mit sich selbst» dem einen angeboren ist, dem anderen nicht. Sie entsteht entweder in der Kindheit durch erzieherische Einflüsse, im Erwachsenenalter muß man sie sich gegebenenfalls mühselig erarbeiten, aber es lohnt sich. Eltern, die mit sich selbst nicht zufrieden sind, können auch ihr Kind nicht dazu bringen, mit sich im Einklang zu leben. Alles Gerede der katholischen Kirche, die Frauen sollen doch mehr für ihre Kinder da sein, anstatt in Egoismus zu verfallen, bleibt deshalb so wirkungslos, weil es die Selbstverachtung der Frauen bestätigt. Sie bekommen noch mehr Schuldgefühle, bemühen sich verstärkt, sich der «idealen Mutter» zu nähern, was aber doch nur eine verstärkte innere Unzufriedenheit zur Folge hat, weil dieses Ziel letztendlich unerreichbar ist! Eine unzufriedene Mutter kann niemals so auf ihr Kind eingehen wie eine in gewisser Hinsicht «egoistische».

Hier liegt auch der Grund, warum ich mich vom Glauben abgewandt habe: Die Kirche verteufelt den menschlichen Egoismus, das Leben nach den eigenen Bedürfnissen, und verherrlicht ein Leben in Fremdbestimmung und Selbstaufgabe. Was ist daran so schlimm, wenn man persönliche Bedürfnisse hat, etwas für sich selbst tut? Sicher gibt es Grenzen, wo die Rechte des Mitmenschen verletzt werden, aber zweitausend Jahre christlicher Geschichte haben uns gezeigt, daß der Appell an die Selbstaufgabe nur das Gegenteil bewirkt. Wer etwas für sich selbst tut, der ist auch fähig, die Rechte des anderen zu achten.

Auch meine Mutter war jahrzehntelang nur für uns Kinder da, und wie viele Frauen in ihrem Alter muß sie heute dafür bezahlen. Sie hat nie gelernt, zum Beispiel nach einem eigenen Hobby zu suchen, sich selbst wichtig zu nehmen.

Die ungeheuren Schwierigkeiten mit Frank haben bewirkt, daß ich mehr als andere Mütter unter dem unbefriedigenden Hausfrauendasein gelitten habe. Meine Isolation war noch vollkommener, weil ich bei ihm mit Problemen zu kämpfen hatte, die Müttern gesunder Kinder erspart bleiben. Ich konnte ihm nicht mit den üblichen Erziehungsmethoden beikommen, weder durch übermäßige Strenge noch durch passive Hinnahme. Seine autistischen Verhaltensweisen waren so stark, daß er sich fast jeder Beeinflussung entzog. Dann lernte ich die Verhaltenstherapie kennen. Ich glaube nicht, daß sie ein Allheilmittel ist, aber sie hat doch ihren Platz, und Eltern von gesunden Kindern können dabei bestimmt auch etwas lernen. Ich hatte das Glück, gerade in einer Zeit, als ich angefangen hatte, an mir selbst zu arbeiten, mit dieser Methode konfrontiert zu werden. Schließlich gehört eine ganze Menge Selbstvertrauen dazu, Provokationen des Kindes zu ignorieren. Als ich gelernt hatte, eigene Bedürfnisse wahrzunehmen und durchzusetzen, verbesserte sich mein Verhältnis zu Frank Schritt für Schritt. Ich bekam mehr Kraft, ihn offen und herausfordernd anzusprechen, und zwar nicht «von oben herab», sondern geistig und auch körperlich «auf gleicher Ebene». Frank weigerte sich jahrelang, wie viele autistische Kinder, Blickkontakt mit mir aufzunehmen. Das ist für eine Mutter so deprimierend, daß sie Gefahr läuft, sich der Kontaktlosigkeit des Kindes anzupassen, das heißt, sie spricht ebenfalls nur noch oberflächlich, wenig interessiert und ohne Blickkontakt mit dem Kind nach dem Motto: Es hat ja doch keinen Zweck. Dieser Gefahr kann man aber begegnen. Eine Mutter, die nebenher noch irgend etwas hat, das ihr Spaß macht, die wird viel eher in der Lage sein, ein Kind trotz seiner schweren Kontaktstörung als vollwertigen Partner zu behandeln. Auch ein behindertes Kind hat das Recht, ernst genommen zu werden, genauso wie ein gesundes. Ich meine, auch bei einer Mutter von gesunden Kindern, die sich zu sehr auf Haushalt und Kind und zuwenig auf sich selbst konzentriert, ist die Gefahr groß, daß sie die Kinder nicht wirklich ernst nimmt. Sie kann es gar nicht, weil sie zu sehr in ihrer eigenen Unzufriedenheit verstrickt ist. Versucht sie gar noch, Hausfrauenqualitäten wie übertriebene Sauberkeit zu demonstrieren, dann geraten ihre eigenen Bedürfnisse und auch die ihrer Kinder hintenan. Sie versucht so sehr, der Rolle gerecht zu werden, daß sie ganz vergißt zu leben und damit den Kindern automatisch ein positives Lebensgefühl zu geben. Wer das begriffen hat, dem wird es Spaß machen, mit Kindern umzugehen, ob behindert oder nicht.

Eltern gesunder Kinder können von Eltern behinderter Kinder lernen, daß alles Verhalten relativ ist. Wir müssen Franks Stereotypien irgendwo annehmen, wir müssen ihn auch damit bejahen, anders geht es gar nicht. Das schließt nicht aus, daß wir ihn immer wieder aus seinen Zwängen herausholen. Allerdings bringen wir das dann am allerwenigsten fertig, wenn wir ihn affektgeladen ausschimpfen! Es geht nur, wenn wir uns offen mit ihm beschäftigen, uns für ihn interessieren, etwas mit ihm zusammen tun. Wie lächerlich erscheint uns doch, was Eltern gesunder Kinder an deren Verhalten alles stört. Und wenn diese das Kind ausschimpfen, dann zieht es sich entweder ängstlich in sich zurück oder wird trotzig. Eltern gesunder Kinder bekommen selten einen Anlaß, über das eigene Aggressionsverhalten nachzudenken. Sie können rein emotionell reagieren, ohne innere Kontrolle, weil das Kind allgemein bekannte Gegenreaktionen zeigt. Ein autistisches Kind hingegen reagiert so anders, daß man das eigene Verhalten ebenfalls total umstellen muß. Wenn Frank brüllt und tobt, dann hat es keinen Zweck, wenn ich zurückbrülle. Ich werde ihn erst einmal ignorieren und gegebenenfalls ruhig und fest auffordern, seine Wünsche zu äußern. Ich darf mich so wenig wie möglich von seinen aggressiven Verhaltensweisen anstecken lassen. Wenn eine ruhige Aufforderung nichts hilft, dann ziehe ich mich innerlich zurück und wende mich anderem zu. Eine Provokation ist nichts wert, wenn niemand da ist, der sich provozieren läßt. Ich meine, Eltern von gesunden Kindern können daraus eine Menge lernen. Auch diese zeigen oft quälende Verhaltensweisen, womit sie die Eltern herausfordern wollen. Wer sich zu oft zu aggressiven Gegenreaktionen hinreißen läßt, der sollte immer überlegen: Warum stört mich dieses Verhalten so sehr? Warum kann ich nicht gefaßt darauf reagieren? Fühle ich mich in meiner Haut wirklich wohl oder sind die störenden Verhaltensweisen des Kindes nur ein willkommener Anlaß, meine Aggressionen loszuwerden? Was kann ich dafür tun, daß ich mit mir selbst im reinen bin bzw. daß meine persönlichen Beziehungen in Ordnung kommen? Benutze ich das Kind wirklich nicht als Sündenbock, um einer Auseinandersetzung mit meinen eigenen Schwierigkeiten aus dem Weg zu gehen? Bin ich so sehr auf ein überangepaßtes Kind angewiesen, ist gar mein Selbstvertrauen davon abhängig? Was kann ich dafür tun, um zu einem unabhängigeren Selbstvertrauen zu kommen?

Frank hat mich durch seine schweren Verhaltensstörungen dazu gezwungen, mich mit diesen Fragen auseinanderzusetzen. Seine autistischen Verhaltensweisen haben bewirkt, daß ich auf mich selbst zurückgeworfen war, mich erst einmal mit mir selbst beschäftigen mußte. Erst dann konnte ich sein Benehmen überhaupt ertragen und auch in Angriff nehmen. Wie viele Eltern fassen Erziehung als Aufforderung auf, sich erst einmal «selbst zu erziehen»? Wie viele wissen überhaupt nichts über sich selbst, über ihre Motive, das Kind jetzt gerade so und nicht anders zu behandeln?

Wie Mütter einander unterstützen können

Als Frank noch klein war und die Behinderung noch nicht eindeutig feststand, da war die Kluft zwischen mir und Müttern gesunder Kinder noch nicht so groß wie heute. Dann kam die Zeit, als wir der Tatsache endgültig ins Auge blicken mußten. Ich wollte die Behinderung nicht verschämt verschweigen. Bekannten Müttern erklärte ich, was mit Frank los ist. Die Reaktionen waren anfangs erfreulich positiv. Es wurde mir gesagt, daß gesunde Kinder ja auch oft solche Verhaltensweisen zeigen, daß das gar nichts so Außergewöhnliches wäre. Das stimmt und stimmt doch wieder nicht. Jedenfalls spürte ich beim Zusammentreffen, daß die Frauen irritiert waren, und in dieser Situation steigerte sich Frank in bekannter Weise in sein Verhalten hinein. Schnell hat sich dann bei ihm ein Störverhalten im Beisein dieser Frau einprogrammiert. Lange Zeit hat er bestimmte Personen bespuckt, um sich dann über deren Betroffenheit zu amüsieren! Obwohl ich zum Beispiel im Haus erklärte, niemand soll darüber schockiert sein, sondern sich einfach abwenden und den provozierenden Kleinen links liegenlassen, brachte das kaum jemand fertig. Jeder fühlte sich verpflichtet, ihn zu «belehren», was er als dicken Erfolg verbuchte. So trug die Umgebung ungewollt dazu bei, daß dieses Verhalten verstärkt wurde. Heute wendet es Frank nur noch meiner Mutter gegenüber an, sogar am Telefon. Es ist eben schon schwer, anders zu reagieren, als «man es schon immer getan hat», und die Tradition besagt nun mal, daß ein Kind, das sich ungebührlich beträgt, entsprechend zurechtgewiesen wird.

Ich habe bei Müttern von gesunden Kindern immer wieder gespürt, daß sie eine gewisse «Angstschwelle» nicht überschreiten können. Warum ist das so? Die den Frauen abverlangte «mütterliche Selbstaufgabe» birgt die Gefahr in sich, daß sie das Leben ihres Kindes als ihr eigenes betrachten, daß sie sich sozusagen im Kind verwirklicht sehen möchten. Das Kind soll was werden, soll es besser haben als sie selbst, soll über das eigene unbefriedigende Dasein hinauswachsen . . . Dieses Ziel versucht die Mutter dadurch zu erreichen, indem sie das Kind zur vollkommenen Anpassung an die gesellschaftlichen Normen erzieht. Es soll sauber, fleißig, strebsam, klug, höflich . . . werden. Sicher sind diese Eigenschaften als positiv zu bewerten, doch ein Kind verfällt leicht in Resignation, wenn sie ihm ständig vor Augen gehalten werden.

Ein behindertes Kind, erst recht ein Kind mit Verhaltensstörungen, bedeutet eine empfindliche Störung dieses Mutter-Kind-Gleichgewichts: Reagiert die Mutter des gesunden Kindes bei der Begegnung mit Angst, und verstärkt sich dadurch das Störverhalten des behinderten Kindes, dann spürt auch das gesunde Kind die mütterliche Verunsicherung und ahmt das Störverhalten nach. Schließlich nimmt ein überfordertes Kind jede Gelegenheit wahr, der Mutter «eines auszuwischen». Die Mutter, die auf ein «Herzeige-Kind» angewiesen ist, reagiert mit noch mehr Angst, und es ist ein Teufelskreis entstanden, aus dem sehr schwer herauszukommen ist. Das gesunde Kind wird das behinderte Kind so lange besonders gern nachahmen, solange die Mutter es besonders angepaßt haben möchte. Und hier ist die Stelle, wo ein tiefer Abgrund zwischen mir und Müttern gesunder Kinder gähnt. Ich habe nicht die Möglichkeit, Franks Leben als meines zu betrachten, ihn auf den gesellschaftlichen Aufstieg hin zu erziehen. Ich muß froh sein, wenn er im persönlichen Bereich einigermaßen selbständig wird und später dann wenigstens einer einfachen Beschäftigung nachgehen kann.

Wenn ich diese Kluft spürte, fühlte ich mich immer irgendwie hilflos und traurig. Was konnte ich schon dagegen tun. Ich fühlte die Angst der Mutter, und sie verunsicherte mich, weil ich weiß, daß sich Frank dann genauso «verrückt» benehmen wird, wie es der Angst der anderen Mutter entspricht. Auch ich habe diese Angstschwelle, es ist keinesfalls so, daß ich auf jedes Verhalten innerlich gelassen reagieren kann. Ist sie nicht nur bei der fremden Mutter, sondern auch bei mir erreicht, dann wird die Situation katastrophal. Was kann man dagegen tun? Lange Zeit bin ich von diesen Problemen davongelaufen, das heißt, ich habe mich mit Frank zurückgezogen, bevor es zu massiven Reaktionen seinerseits gekommen ist. Heute versuche ich, den Teufelskreis zu unterbrechen, indem ich auf sein Niveau gehe, das heißt, ich hocke mich hin und spreche ihn ruhig und ernst an. Oft habe ich damit auch Erfolg: Frank fühlt sich anerkannt und bestätigt, er beruhigt sich wieder und sagt irgend etwas. Ich gebe offen zu, daß der Weg zu dieser Reaktion, vor allem im Beisein Fremder, alles andere als leicht war. Und so kann es auch gar nicht anders sein, als daß die dabeistehende Mutter durch mein Verhalten erneut irritiert wird. Wie sind wir es doch gewöhnt, ein Kind von oben herab zu verurteilen, zu belehren und zu beherrschen.

Wie ungewohnt ist es doch, daß eine Mutter zu ihrem tobenden Kind «herabsteigt» und es wie einen gleichberechtigten Partner anspricht. Ich halte das für sehr wichtig, weil es die übliche Macht-Ohnmacht-Situation etwas abmildert. Jeder Erwachsene wird zugeben, daß er ein persönliches Fehlverhalten dann am ehesten ändert, wenn die Kritik in verständnisvollem, partnerschaftlichem Ton hervorgebracht wird. Warum können wir das so wenig in unserem Verhältnis zu Kindern?

Frank läßt sich also aus seinem Fehlverhalten herausholen, wenn ich ihn verständnisvoll anspreche. Steht eine andere Mutter dabei und fühlt sich durch *meine* Reaktion verunsichert, dann kommt das natürlich bei Frank auch sofort an. Wende ich mich der Mutter zu, wird er schwierig. Offensichtlich spielt dabei auch Eifersucht eine Rolle, aber ist die nicht verständlich? Was mag in einem Kind vorgehen, das bei fremden Erwachsenen und auch Kindern immer auf Verunsicherung, Angst und Distanz stößt? Muß es nicht von seiner Mutter extrem abhängig sein, weil die Achtung der Umgebung fehlt, die ein gesundes Kind ganz selbstverständlich bekommt? Er fängt also in einer solchen Situation immer wieder von neuem mit seinem Störverhalten an, teils aus Eifersucht, teils als Reaktion auf die Verunsicherung der fremden Mutter, dann auch, weil ich ihn in fremder Umgebung nicht einfach losrennen lassen kann. Manche Mutter eines gesunden Kindes zieht sich dann von mir zurück, weil sie Angst hat, daß ihr eigenes Kind unangenehme Verhaltensweisen übernimmt oder daß es zumindest von Frank «nichts lernt».

Ich habe auch Mütter getroffen, die sein Benehmen relativ angstfrei ertragen konnten. Immer waren es Frauen, die neben der Kindererziehung auch eigene Interessen pflegten, die kein isoliertes Hausfrauendasein führten, sondern nebenbei auch politisch engagiert waren.

Ich glaube, daß Mütter von gesunden Kindern «Sondermütter» unbewußt ablehnen, so lange sie keine gefestigte Persönlichkeit besitzen und deshalb ihre eigenen Kinder besonders angepaßt haben möchten.

Wie die ungelöste Frauenfrage Kinder krank macht

In den letzten Jahren ist viel von der Zunahme der Verhaltensstörungen und Schulschwierigkeiten die Rede und man fragt sich, was wohl die Ursache dafür sein könnte. Die Erklärungen reichen von «minimalen Hirnschädigungen», dem übermäßigen Leistungsdruck an den Schulen bis zur zunehmenden Berufstätigkeit der Mütter! Besonders schnell ist man(n) mit der Erklärung da, die «emanzipationsbesessenen» Mütter, die in tiefem Egoismus ihre Kinder allein lassen, seien an allem schuld. Da die Öffentlichkeit überwiegend aus Männern besteht, sind es auch zu allererst die Frauen, die an den Pranger gestellt werden. Eigentlich müßten die so argumentierenden Herren vor Scham im Boden versinken, sind sie es doch, die ihren Kindern am allerwenigsten «Nestwärme» geben. Die zunehmende Berufstätigkeit der Mütter ist nur zu verständlich. Irgend etwas stimmt in dieser Gesellschaft nicht, wenn Mütter, die ja überhaupt dafür sorgen, daß in Zukunft noch Renten erarbeitet werden, wenn diese Mütter keinen eigenen Rentenanspruch besitzen. Meine eigene Mutter hat vier Kinder großgezogen und ist heute gesundheitlich stark angegriffen. Sie hat eine Halbtagsstellung, die infolge der einseitigen Tätigkeit ihre Gesundheit zusätzlich schädigt. Noch mindestens zwei Jahre muß sie arbeiten, um mit sechzig Jahren wenigstens die Mindestrente zu bekommen.

Vom Bundesverfassungsgericht wurde die sechzigprozentige Witwenrente für verfassungskonform erklärt – die Sorge einer Mutter, deren Mann nicht so viel verdient, im Alter finanziell nicht abgesichert zu sein, ist wirklich voll berechtigt.

Die zunehmende Berufstätigkeit von Müttern ist auch deshalb verständlich, weil viele Männer ihre «Ernährerposition» ausnutzen, um damit Macht über die Frau ausüben. Sie muß «um jeden Pfennig betteln», eigene Bedürfnisse zurückstellen oder sie schließt sich ganz unbewußt den finanziellen Wünschen des Mannes an. Geld bedeutet schließlich Macht, ob versteckt oder offen ausgeübt.

Mütter werden auch deshalb berufstätig, weil sie der Enge und Isolation ihres Haushalts entfliehen und gesellschaftliche Kontakte bekommen wollen. In vielen Siedlungen fehlt es an Begegnungsstätten für Mütter und Kinder; Wohnraum ist so teuer, daß er kaum Platz für größere Begegnungen bieten kann. Ich glaube, kein Mann würde einen Arbeitsplatz in solcher Enge und Isolation akzeptieren. Für sie ist es selbstverständlich, daß sie am Arbeitsplatz vielfältige Kontaktmöglichkeiten haben. All dies zeigt, daß die Bedürfnisse von Müttern und Kindern in unserer Gesellschaft weit unten stehen. In anderen Ländern gibt es gewisse Ausgleichmöglichkeiten wie Ganztagsschulen und Ganztagskindergärten, doch auch daran mangelt es hier am allermeisten, weil die Mär von der «heilen Familienwelt» hochgehalten wird. Einerseits sorgen Männer über die Bau- und Städteplanung, über «Mütterlichkeitsideologie» und sexistische Arbeitswelt dafür, daß Frauen und Kinder nicht ihren Bedürfnissen gemäß leben können. Andererseits machen genau die gleichen Männer ausschließlich die Frauen für kindliche Fehlentwicklungen verantwortlich: Da beißt sich der Teufel in den Schwanz!

Ich bin der Meinung, daß kindliche Verhaltensstörungen Symptome der ungelösten Frauenfrage sind, weil Mütter sich in einem ungeheuren Dilemma befinden. Geht die Mutter einer Berufstätigkeit nach, dann muß sie doppelt beweisen, daß sie trotzdem «eine gute Mutter» ist. Diese Selbstüberforderung geht nicht ohne Schuldgefühle einher, und diese behindern eine partnerschaftliche Beziehung zum Kind. Hinzu kommt die körperliche Doppelbelastung, weil Männer selten und meist nicht regelmäßig im Haushalt helfen. Hinzu kommt auch, daß Frauen überwiegend die stupiden, unterbezahlten und wenig befriedigenden Tätigkeiten zugewiesen bekommen. Besonders problematisch ist, wenn die Mutter wegen Krankheit des Kindes fehlen muß.

Gehorcht eine Mutter der Ideologie und ist «nur für ihr Kind da», dann gerät sie leicht in den Sog einer Opferhaltung, die ihrer Persönlichkeit, ihrer Selbstachtung schadet. Mütter werden auch als «Hilfslehrer der Nation» ausgenutzt, das heißt, nicht nur die Arbeitsplatz-, sondern auch die Schulmisere soll auf ihren Rücken bereinigt werden. Viele Mütter identifizieren sich unbewußt derart mit dem Leistungsprinzip, daß sie zu den «Antreibern ihrer Kinder» werden. Wer kein Recht auf Selbstverwirklichung, auf persönliche Bedürfnisse hat, der ist geneigt, eine andere Person, also das Kind, als «Mittel zum Zweck» zu benutzen, sich selbst in ihm zu verwirklichen.

Wenn Männer heute Mütter auffordern, noch mehr für ihre Kinder zu tun, dann hoffen sie damit, die angeblich so heile Familienwelt zurückzuholen. Die hat es nie gegeben und die wird es erst recht nicht in Zukunft geben! Auch die angeblich so zufriedenen Hausfrauen leiden unter ihrer Situation und geben diesen Leidensdruck in irgendeiner Form an die Kinder weiter. Eine «Flucht in die Vergangenheit» bringt uns nichts.

Diese Misere kann erst gelöst werden, wenn Kindererziehung und Berufstätigkeit zwischen Mann und Frau geteilt sein werden. Es ist unbegreiflich, daß die Hälfte der Menschheit die Erziehung der nächsten Generation als «kleine Nebenbeschäftigung» betrachtet, als nicht in ihren Zuständigkeitsbereich gehörend. Die Beschäftigung mit Kindern kann ein ungeheurer Ansporn zur persönlichen Weiterentwicklung sein, zur Beschäftigung mit sich selbst, mit den eigenen Verhaltensweisen im positiven wie im negativen Sinne. Männern fehlt im allgemeinen dieser elementare Lebensbereich, und sie verschenken damit eine Chance zur Entwicklung in Richtung auf mehr Menschlichkeit.

Es sieht nicht so aus, als ob diese Utopie in absehbarer Zeit verwirklicht sein könnte. Alle Versuche der Gewerkschaften, eine Arbeitszeitverkürzung durchzusetzen, das heißt mehr Zeit für die Kinder für beide Geschlechter, sind von den Unternehmern abgeblockt worden.

Übrig bleibt, nicht zu resignieren, denn Resignation bedeutet, den «unsozialen Geistern» das Feld zu überlassen!

7 Erfahrungen in einem Ferienkurs

Der chaotische erste Tag

Die Lebenshilfe lud zu einem einwöchigen «Ferienkurs für Familien mit geistig behinderten Kindern» ein, in der Evangelischen Akademie Bad Boll. Ohne zu zögern habe ich die Möglichkeit wahrgenommen, mit gleichbetroffenen Eltern und Kindern in Kontakt zu kommen. Der Anfang war schwierig. Wenn wir durchs Haus gingen, zog Frank durch sein katastrophales Benehmen Blicke auf sich. Er wollte sekundenschnell hierhin und dorthin, ließ sich auf den Steinboden fallen, wenn es nicht ging, und brüllte und schlug sich. Wieder konnte ich nur beruhigend zu ihm sprechen und ihn ständig «einfangen». Die übrigen behinderten Kinder und Jugendliche gingen brav mit ihren Eltern umher . . .

Am Abend fand die erste Zusammenkunft von Tagungsleitung, Betreuern und Familien statt. Es wurde Spiele gemacht, damit man sich gegenseitig kennenlernt. Frank krabbelte mit unvorstellbarer Geschwindigkeit von der einen in die andere Ecke des großen Raumes, stürzte sich auf Kinder und Erwachsene und packte sie vor lauter Aufregung recht grob an! Obwohl ich vieles mit ihm gewohnt bin, hat mich diese Situation doch ziemlich kopflos gemacht. Eine der Tagungsleiterinnen meinte dann, ich solle ihn ruhig umhersausen lassen, und das tat ich dann auch. Je öfter ich ihn nämlich zurückholte und kurz festhielt, desto mehr steigerte er sich in seine Panik hinein.

Diese Schilderung zeigt, daß bei einem autistischen Kind die Öffentlichkeit in bestimmten Situationen einfach Mitverantwortung übernehmen muß, sonst ist die betroffene Mutter total überfordert. Der Vorschlag der Tagungsleiterin war tatsächlich das beste, jeder, der sich von dem Kleinen irgendwie bedrängt fühlte, mußte sich eben selbst wehren und durfte nicht erwarten, daß ich ausschließlich dafür zuständig bin. Ich spürte, daß alle Beteiligten noch nicht mit einem solchen Kind konfrontiert worden sind, aber war das nicht eine Chance, diese Mitverantwortung zu lernen? Der Tag war so furchtbar für mich, daß ich voll Verbitterung dachte: Warum sollen die nicht auch einmal sehen, daß ein geistig behindertes Kind nicht nur ruhig und apathisch sein kann? Dieses Verhalten ist in unserer Gesellschaft überhaupt sehr verbreitet: Fällt ein Kind in seinem Verhalten irgendwie auf, dann wird die Mutter voll verantwortlich gemacht, schief angesehen und empört angesprochen! Das Kind wird dabei vollkommen übersehen, kein Erwachsener hat den Mut, einem Kind oder Jugendlichen ruhig zu sagen, daß ihm dies oder jenes in dessen Verhalten nicht paßt. Hier liegt auch mit ein Grund, daß so viele Mütter angepaßte Kinder haben möchten, weil sie selbst ausschließlich von den «Sanktionen der Umgebung» getroffen werden! Eigentlich ist das eine tiefe Mißachtung der Persönlichkeit, Selbständigkeit und Selbstverantwortlichkeit von Kindern und Jugendlichen.

Eine betroffene Mutter sagte mir, daß sie keine Lust hat, ihre behinderte Tochter ununterbrochen zu ermahnen, damit niemand belästigt wird. «Die sollen doch auch mal allein mit ihr fertigwerden . . .» – Am Abend dieses ersten Tages war ich total erschöpft. Ein paarmal ging es mir auch durch den Kopf, ob ich nicht schnell meinen Vater bitten soll, daß er uns wieder abholt!

Die drauffolgenden Tage waren erlebnisreich und auch sehr anstrengend. Die Mahlzeiten wurden in einem riesigen Speisesaal eingenommen. Wir saßen zwar am Ende des Raumes auf einer Eckbank, aber auch das war für Frank noch aufregend genug. Immer wieder krabbelte er unter den Tisch und wollte sich davonmachen. Ich mußte ihn füttern, weil er sich viel zu sehr von allem ablenken ließ. Von den behinderten Kindern war er das Jüngste, fünf weitere Kinder waren bis zehn Jahre alt und die übrigen zehn waren Jugendliche. An den Vormittagen und an zwei Abenden fanden Gesprächsrunden statt, die Nachmittage wurden für Unternehmungen genutzt. Auch bei diesem Seminar war ich mit Abstand die jüngste Mutter. Zwei Mütter, mit denen ich mich ein bißchen angefreundet habe, waren «nur» ungefähr zehn Jahre älter als ich. Der Grund dafür mag wohl darin liegen, daß viele Frauen heutzutage ihr erstes Kind später bekommen als früher. Vielleicht sind besonders junge Mütter behinderter Kinder auch eher geneigt, das Kind wegzugeben, weil die finanzielle und psychische Situation zu problematisch ist.

Vom zweiten Tag an wurden die Kinder von morgens neun Uhr bis mittags zwölf Uhr, und nachmittags von fünfzehn Uhr bis achzehn Uhr betreut. Jetzt, wo der Tag fest eingeteilt war, wo Frank für bestimmte Zeiten eine feste Betreuerin und einen festen Raum hatte, besserte sich besonders dort auch sein Verhalten! Sobald er aber wieder mit mir im kleinen Doppelzimmer oder im übergroßen Speisesaal war, wurde sein Verhalten wieder schlimmer. Ich war glücklich, als die Betreuerin sagte, daß genau diejenigen Kinder, die anfangs einen schwierigen Eindruck machten, sich gut einlebten, während es bei den «ruhigen» Kindern eher umgekehrt war. An den Nachmittagen haben wir Mütter einen Thermalbadbesuch, einen Stadtbummel, kleine Spaziergänge und ähnliches gemacht – haben wir das genossen!

Wie verarbeiten andere Eltern die Behinderung

Beim Seminar fiel mir eine Kluft zwischen den jüngeren und älteren Müttern auf. Viele der älteren Mütter «überschützten» ihre – fast erwachsenen – Söhne und Töchter ganz offen. Sie redeten nicht partnerschaftlich, sondern von oben herab, in zuckersüßem Ton zu ihnen. Sie nahmen ihnen mehr als notwendig Entscheidungen ab, spielten und lebten die immerbereiten, aufopferungsvollen Mütter. Eine Frau brachte es fertig, ihren achtzehnjährigen, korpulenten mongoloiden Sohn auf einer Ruhebank auf den Schoß zu nehmen. Diese Situation war etwas peinlich. Trotzdem sollte man sich nicht darüber lustig machen. Mir fiel ein, daß diese Jugendlichen in einer Zeit auf die Welt gekommen sind, als Behinderungen noch viel stärker tabuisiert waren als heute. Diese Mütter haben das Dritte Reich miterlebt, sie wissen, was mit behinderten Menschen während dieser Zeit geschehen ist. Die daraus entstehenden Schuldgefühle und das Spießrutenlaufen in der Öffentlichkeit rufen überschützendes Verhalten der Mutter hervor.

Zwei Mütter waren dabei, die jeweils zwei behinderte Söhne hatten! Bei beiden war das ältere Kind das schwerer behinderte, das um ein bis zwei Jahre jüngere lag eher im Bereich der Lernbehinderung. Was mußten diese Mütter schon alles mitgemacht haben. Einer von ihnen merkte man ihre seelische und körperliche Erschöpfung deutlich an: Sie schüttete ihr Herz aus, sooft sie nur konnte, und war dabei fast unfähig geworden, irgendwie auf ihren Gesprächspartner einzugehen. Sie erzählte, daß der jüngere Bruder sich in den ersten Lebensjahren altersgemäß entwickelt hatte, daß er jetzt aber in seiner Entwicklung stehengeblieben ist und dem schwer behinderten Bruder immer mehr ähnelt. Hinzu kommt, daß ihr der Ehemann Vorwürfe wegen der behinderten Kinder macht und sie zwingen will, beide in ein Heim zu geben. Die familiäre Situation dieser Mutter war so verfahren, daß es gar nicht verwunderte, daß sie sich ihren beiden Kindern gegenüber unbeherrscht verhielt. Ich fragte mich, ob nicht die Behinderung des zweiten Kindes seelischer Natur ist, hervorgerufen durch die unhaltbare Familiensituation? Wie hatten uns die Ärzte doch geraten: So schnell wie möglich ein gesundes Kind, und alles wird besser! – Ich war tief bewegt über das Schicksal dieser Frau, aber ich wußte nicht, wie ich ihr helfen könnte. Wir konnten ihr nur mit aller Zurückhaltung raten, die Kinder vorübergehend in ein Heim zu geben, damit sie und ihr Mann sich über ihre Beziehung im klaren werden können.

Außer Frank waren noch zwei weitere Jungen mit autistischen Symptomen dabei: Der eine war vierzehn Jahre alt und hatte noch keinen Blickkontakt. Er lief ständig mit leerem Blick durchs Haus, konnte sich aber zurechtfinden. Die Mutter habe ich leider nicht näher kennengelernt, weil sie ein paar Tage später angereist ist. Auch sie machte auf mich einen überforderten, in sich zurückgezogenen Eindruck, zumal der jüngere Bruder ja auch lernbehindert war. Der andere autistische Junge schaukelte den ganzen Tag ununterbrochen von einem Bein auf das andere. So unruhig wie Frank war aber keiner von ihnen.

Zwei mongoloide Kinder waren dabei, die für mich besonders auffällig die Rolle des überangepaßten, artigen Kindes übernommen hatten. Der achtjährige Matthias wurde von seiner Mutter wegen seiner «Ritterlichkeit» gelobt und stolz gezeigt. Sie war in der «Lebenshilfe» aktiv und nach ihren eigenen Worten in der Nachbarschaft als «schlechte Hausfrau» verschrien. Mein Herz machte bei diesen Worten einen Luftsprung: Endlich eine Mutter, die mir ähnlich ist! Daß sie die gewonnene Zeit zum Romanlesen nutzt, ließ meine Begeisterung wieder etwas zusammenschrumpfen. Im kleinen Kreis erzählte sie, daß sie mit ihrem Matthias immer fleißig «paukt», entweder vor oder nach der Sonderschule. Sie gab ihre Hoffnung zum Ausdruck, daß er mal lesen lernt. Bei diesen Worten erschrak ich etwas. Schon seit längerer Zeit hatte ich mich von dieser Hoffnung losgesagt! In der Sonderschule von Frank hatte der Konrektor uns Eltern begreiflich gemacht, daß die große Mehrheit der Kinder niemals die sogenannten «Kulturtechniken» beherrschen wird. Wir hörten auf einem Tonband einen mongoloiden jungen Mann, der als große Ausnahme tatsächlich lesen gelernt hatte. Stockend las er einen einfachen Text, und als der Lehrer gleich danach fragte, was er denn jetzt gelesen habe, wußte er überhaupt nichts mehr darüber zu sagen. Er konnte also mit dem Gelesenen nichts anfangen. Die Eltern im Saal waren erschüttert und ernüchtert. Als ich der Mutter von Matthias das erzählte, wurde sie ganz bleich. Hilflos sagte sie: «Ja aber . . . wenn er doch wenigstens einen Text herunterlesen kann – das ist doch auch schon etwas . . .» Man sah ihr an, wie sie sich von dieser Hoffnung abhängig gemacht hatte. Warum begreift keine Mutter eines geistig behinderten Kindes, daß sie sich nur in sich selbst und nicht im Kind verwirklichen kann? Daß sie die engen Grenzen dieses Kindes akzeptieren muß?

Elke war sechs Jahre alt, ein sehr hübsches und artiges mongoloides Mädchen. Ihre Eltern waren beide mitgekommen, die Mutter sprach aber bei den Diskussionen kaum etwas und überließ das ihrem Mann. Der Vater beschwerte sich, daß die anderen Kinder so «wild» sind und seinem Töchterchen damit Angst einjagen. Beispielsweise stand dort, wo die Kinder betreut wurden, ein Klavier, wo Frank und die anderen Kinder nach Herzenslust drauf herumklimpern konnten. Der Vater beklagte sich, daß dieser Krach für «seine Elke» nicht auszuhalten sei! Wir jüngeren Mütter mußten darüber schmunzeln. Die Betreuerin sagte, daß Elke ganz schön verwöhnt wäre und entsprechend schwierig zu integrieren sei.

Markus und seine Eltern saßen oft mit uns am Tisch. Er war zehn

Jahre alt und konnte überhaupt nicht sprechen. Seine Mutter erzählte mir, daß sie schon Schwierigkeiten mit dem Kindergarten und der Schule hatte, weil er manchmal überraschend aggressiv reagieren kann. Während des Seminars machte er einen eher ruhigen und apathischen Eindruck. Markus war als Folge einer Blutgruppenunverträglichkeit geistig behindert. Er war das erste und einzige Kind. Die Eltern erzählten stolz, daß sie ihn noch nie weggegeben haben und daß sie ihn auch mit in den Sportverein nehmen! Die Mutter machte einen selbstbewußten Eindruck, sie war teilweise berufstätig und setzte sich auch aktiv bei der Lebenshilfe ein. Da zwischen Frank und Markus gewisse Ähnlichkeiten bestanden, wollte ich ihr gern näherkommen, es gelang mir jedoch nicht.

Fünf Väter waren erfreulicherweise auch mit zum Seminar gekommen. Einer von ihnen, Vater einer fünfzehnjährigen Tochter mit Hydrozephalus (abnorm großer Kopf), fiel durch seine rhetorischen Fähigkeiten auf. Er hatte einen langen, zähen Kampf um die beste Behandlungsmöglichkeit für seine Tochter hinter sich. In dieser Familie war *er* der «ganz große Macher», symptomatisch ist, daß ich mich an die Mutter gar nicht mehr erinnern kann. Bei einer Diskussionsrunde ging es um die notwendige Aufteilung der familiären Verpflichtungen zwischen Mann und Frau. Ich sagte, daß Männer es im allgemeinen leichter als Frauen haben, weil sie nicht ständig mit dem behinderten Kind zusammen sind und weil der Beruf auch eine gewisse Kanalisations- und Fluchtmöglichkeit bieten kann. Darauf wurde er aggressiv, weil er seine Stellung als Vater, der «alles für sein Kind tut», gefährdet sah. Auf jeden Fall bleibt auch ihm ein großer Teil des zermürbenden Alltags erspart, weil das seine Frau übernimmt.

«Mein Kind bringt schlechte Gewohnheiten heim»

Diese Klage habe ich häufig vernommen, und mich darüber geärgert. Mütter von «angepaßten» Behinderten beschweren sich, wenn schwächere Kinder im Kindergarten oder in der Schule sind, von denen ihre eigenen unangenehme Verhaltensweisen lernen könnten. Das bedeutet nichts anderes, als daß die Auslese immer mehr zunimmt. Die Mutter von Markus erzählte mir, daß ihr Sohn wegen seiner gelegentlichen Aggressionen in eine Schwerbehindertengruppe abgesondert wurde. Die Erfahrung hat aber gezeigt, daß gerade eine Mischung aus Kindern unterschiedlichen Entwicklungsniveaus, natürlich innerhalb eines gewissen Rahmens, für das einzelne Vorteile bringt. Ich halte die Auslese gerade im Behindertenbereich für unmenschlich. Es hat mich gewundert, daß die Mütter ihre Klagen über die schlechten Gewohnheiten in meiner Gegenwart so offen aussprachen. Schließlich blieben die Verhaltensstörungen von Frank niemandem verborgen. Ich erklärte ihnen, daß ein Kind Verhaltensstörungen dann am ehesten übernimmt, wenn die Umgebung viel Aufhebens davon macht, und daß es gegenüber den Müttern schwerer behinderter Kinder unsolidarisch ist, sich ständig zu beklagen. Daraufhin wurde das Thema nicht mehr angerührt.

«Ich gebe mein Kind nie ins Heim»!

Ich erinnere mich noch gut an die Diskussion mit einer Psychologin. Sie begann mit der Schilderung eines Unglücksfalls, der sich tatsächlich ereignet hatte. Eine betagte Mutter verübte zusammen mit ihrem autistischen Sohn Selbstmord, weil sie ihn nicht an das Heim abgeben wollte und weil er sich auch nicht mehr an eine Gruppe gewöhnen konnte. Die Mutter hatte immer nur für ihn gelebt, alles für ihn getan und den Sohn dabei psychisch und physisch vollkommen abhängig gemacht.

Diese Schilderung sollte ein Einstieg für das Thema «Ablösungsprozeß» sein, eine Sensibilisierung für diese unumgängliche Phase. Ich spürte, daß dieser Anfang für viele Eltern zu schockierend war und daß sie sich krampfhaft auf die Gegenposition zurückzogen. Die Eltern griffen die Psychologin offen und versteckt an, als ob sie ihre Kinder in diesem Moment vor dem Zugriff des Heims erretten müßten. Auch ich habe schon mein Mißtrauen gegenüber der Massenpflege beschrieben. Glücklicherweise gibt es in zunehmendem Maße kleinere Wohnheime für erwachsene Behinderte. Als die Situation zunehmend verfahren wurde, erklärte ich dem Vater von Markus, daß ein vorübergehender Aufenthalt in einer guten Therapieeinrichtug auch die letzte Rettung vor einem dauerhaften Heimaufenthalt sein kann. Daß Eltern diese kurzzeitige Freiheit auch guttun kann, daß sie neue Kräfte sammeln und sich in entsprechenden Therapien unterweisen lassen können. Ich erzählte kurz von Franks Therapieaufenthalten und daß sich seine Verhaltensstörungen nach einer schlimmen Umgewöhnungszeit schrittweise gebessert haben. – Das war zu viel für ihn, das wollte er nicht glauben. Er warf mir vor, Frank wäre nach dem Aufenthalt doch wohl nur deshalb so schwierig gewesen, weil ich ihn so lange verlassen habe. Er versuchte also, mir Schuldgefühle einzureden, weil ich Frank vorübergehend in vertrauenswürdige Hände gegeben hatte. An dieser Stelle brach ich den «Schlagabtausch» ab, er erschien mir zu sinnlos und komisch. Wie war es nur möglich, daß sich Eltern von behinderten Kindern gegenseitig solche Vorwürfe machen! War es die Tatsache, daß ich viel jünger war als er und noch dazu eine Frau und es trotzdem wagte, ihm zu widersprechen? War es ein übermächtiger Wunsch von ihm, der Überforderungssituation durch das Kind zu entrinnen, den er nur durch solche aggressiven Angriffe unterbinden konnte?! Die Mutter von Markus sagte in dieser Situation gar nichts. Ich hatte gehofft, daß sie wenigstens nicht so dogmatisch ist wie ihr Mann. Bei einem Spaziergang versuchte ich noch einmal, mit ihr darüber ins Gespräch zu kommen. Sie zeigte aber wenig Interesse für meine Gründe, warum ich Frank zur Therapie gegeben hatte. Sie meinte, die ambulante Förderung müsse umfassend ausgebaut werden, wobei die Therapeuten zum Kind in die Wohnung kommen. Dem konnte ich natürlich nur zustimmen. In Sachen Heimaufenthalt, Ablösungsprozeß und «mütterliches Selbstverständnis» gab es keine Brücke zwischen uns. Warum können wir Frauen uns so wenig solidarisch zueinander verhalten? Warum verachtet die Berufstätige die Hausfrau, die Hausfrau die Berufstätige, die «richtige Mutter» die «egoistische»? Selbstverachtung und damit auch gegenseitige Verachtung bringt uns nicht weiter.

Am Tag nach der hitzigen Diskussion gab es eine kleine Wende. Eine von den älteren Müttern sagte in die Runde, daß ihr an dem Abend vieles klargeworden sei: Wenn es noch nicht zu spät ist, werde sie jetzt versuchen, ihre Tochter auf das Leben ohne sie vorzubereiten! Das brachte viele Eltern zum Nachdenken.

Wie man neues Verhalten lernt

An einem Seminartag haben wir versucht, mit Hilfe von Rollenspielen offensives Verhalten gegenüber der Umwelt einzuüben. Manche Frauen waren etwas mißtrauisch, weil sie fürchteten, nicht «schauspielern» zu können. Wir ordneten unsere Stühle wie in einem Zugabteil an und spielten Reisende, die von einer Mutter mit ihrem mongoloiden Sohn «gestört» werden. Den behinderten Jungen mochte doch niemand so recht spielen, und so kamen wir auf die Idee, den dreizehnjährigen Christian, Sohn eines «Mitspielers», in die Runde zu holen. Mit großem Gelächter mußten wir dann feststellen, daß Christian seine Rolle so brav spielte, daß gar keiner von den «Reisenden» etwas auszusetzen hatte und somit auch keine Diskussion zustande kam. Völlig «unpädagogisch» wurde Christian aufgefordert, ein bißchen «herumzublödeln» – und schon gab es ein Gespräch zwischen der «Mutter» und verständnisvollen bis weniger verständnisvollen Reisenden. Dann wurde über das Verhalten der Beteiligten gesprochen und die Frage gestellt, ob es nun erwünscht sei, wenn man sachlich nach den näheren Umständen der Behinderung fragt oder ob wir Mütter das als taktlos und schmerzhaft empfinden würden. Wir einigten uns darauf, daß das tatsächlich besser ist als schamhaftes Wegsehen, gespielte Gleichgültigkeit oder sogar Anstarren.

Besonders hilfreich fand ich das Durchspielen von Situationen, die wir als schwierig empfunden haben. Eine Mutter erzählte, daß eine Nachbarin Bemerkungen wie: «Was die für einen Haufen Geld kosten . . .» von sich gab, wenn der Bus ihren Sohn abholte. Sie war so entsetzt gewesen, daß sie sich nicht verteidigen konnte. Die Szene wurde ein paarmal durchgespielt, und die Mutter spielte sich selbst, um für solche Angriffe gewappnet zu sein. Wir waren erstaunt, auf welch vielfache Art und Weise man die Rechte von Behinderten jemanden nahebringen kann. Mal klang es aggressiv, mal entschuldigend, mal verständnissuchend, mal selbstbewußt-sachlich. Wir kamen zu dem Ergebnis, daß die selbstbewußt-sachliche Aufklärung die erfolgreichste ist. Ich habe folgende Situation durchgespielt: Ich gehe mit Frank auf die Sparkasse, und er rast in der Schalterhalle hin und her und zieht an der Einkaufstasche einer Kundin! Auch ich bekam den Rat, noch mehr sachlich aufzuklären, anstatt mich zu entschuldigen. Wie tief sitzt doch in uns Müttern die Regung, uns für jede kleine Entgleisung unserer Kinder zu entschuldigen, ja überhaupt ihr Vorhandensein zu entschuldigen! Diese Gefühle müssen wir bekämpfen. Unbewußt sorgen wir mit diesem Verhalten dafür, daß die Öffentlichkeit sich in ihrem Verhalten bestätigt fühlt. Entschuldigendes, selbstverleugnendes Verhalten provoziert geradezu offene oder versteckte Verurteilung! Ein behindertes Kind braucht kein «gnädiges Verzeihen» der Umwelt, sondern Toleranz und Verständnis.

Eine weitere Szene, die mir sehr am Herzen lag: Ich gehe mit Frank Schuhe kaufen. Wie oft hatte ich mich schon über die Bemerkungen der Verkäuferin geärgert: Kind – was hast du denn nur – du bist aber heute überhaupt nicht brav – warum ist denn deine Puppe nackt?? . . . Um eine Erklärung hatte ich mich seither herumgestohlen, weil ich glaubte, sie müsse doch sehen, daß er behindert ist. Leider sehen viele Menschen nur das, was sie sehen wollen.

Als ich am Heimatort ruhig und sachlich, nicht mit gesenktem, sondern mit offenem Blick der Verkäuferin sagte, warum sich Frank so seltsam verhält, geriet sie völlig aus der Fassung. Sie schaute mich entgeistert und ungläubig an, wiederholte immer wieder beschwörend: «Frank ist doch nicht dumm!» Ich entgegnete, daß er nicht dumm, sondern geistig behindert ist. Ihre ganze Haltung verriet, daß «so etwas» in ihrer Vorstellung so fürchterlich ist, daß sie überhaupt nicht begreifen konnte, daß ich ruhig und gelassen darüber sprach. – Am Abend dieses Erlebnisses mußte ich weinen, wie schon lange nicht mehr. Das Entsetzen dieser Frau war auf mich «zurückgesprungen».

Insgesamt hat mir der Aufenthalt in Bad Boll sehr viel gegeben. Der «Tagungsstress» hatte noch eine unerwartete, erfreuliche Nebenwirkung: Aus Zeitmangel konnte ich Frank meist nur wickeln, aber nicht auch noch auf den Topf setzen. Da brüllte der Kleine plötzlich und bestand darauf, daß er auf dem Topf sein «kleines Geschäft» verrichtet! Was jahrelange Geduld nicht erreichte, war gelungen. Seither macht sich Frank wenigstens tagsüber nicht mehr naß!

8 Wie es weitergeht

Kurz nach dem Aufenthalt in Bad Boll bekam Martin aus einer 230 km entfernten Großstadt ein interessantes berufliches Angebot. Schon lange wollte er von zu Hause weg, von den Verwandten, die sich immer seltener bei uns blicken ließen. Jahrelang war ich froh, daß kein akzeptables Angebot dabei war, aber jetzt lag es auf dem Tisch und wir mußten uns entscheiden. Zunächst hat es mir weh getan, daß ich den kleinen Bekanntenkreis, den ich mir geschaffen hatte, meine Arbeit in der Gruppe, wieder aufgeben mußte. Verbitterung kam in mir hoch, weil auch ich wie viele Hausfrauen mich den Berufschancen meines Mannes unterordnen muß! Auch lag ein Angebot von meinem früheren Chef vor, daß ich wieder halbtags bei ihm arbeiten könnte. Aber das ging nicht, weil es keine einzige Tagesstätte für Frank im weiten Umkreis gab.

So habe ich mich mit dem Umzug doch relativ schnell angefreundet: Hier in der Großstadt ist Frank in einer Tagesstätte untergebracht, so konnte ich die Zeit aufbringen, dieses Buch zu schreiben. Auch habe ich hier vielfältigere Möglichkeiten, meine Freizeit sinnvoll auszufüllen. Ich habe mir gesagt, daß ich mit einer positiven, den Menschen zugewandten Haltung überall Freunde finden werde. Ich habe gelesen, daß viele Eltern eines geschädigten Kindes sich «aus Scham» der alten Umgebung entziehen. Ich glaube nicht, daß das bei uns eine Rolle gespielt hat, aber wir sind in der zurückliegenden Zeit, vor allem im Verwandtenkreis, in eine bedrückende Isolierung geraten. Gäste wurden immer seltener, obwohl es für uns doch viel beschwerlicher ist, mit Frank zusammen jemanden zu besuchen, als Besuch zu empfangen.

Wir haben den Sprung gewagt und ihn bis heute nicht bereut. Martin ist mit seinem Arbeitsplatz zufrieden, ich habe mehr Zeit für mich selbst, und eine schöne große Wohnung haben wir auch.

Soweit ich es beurteilen kann, fühlt sich Frank recht wohl im Kindergarten. Die Erzieherin sagt, daß er sich verhaltensmäßig weitgehend den anderen Kindern anpaßt. Natürlich kommt es manchmal vor, daß er einem Kind ungewollt weh tut, doch die meisten sind viel kräftiger als er, und können sich wehren. Frank bewegt sich heute in einem geschützten Rahmen ruhiger als früher. Er ist nicht mehr so selbstbezogen wie damals. Wenn wir ihm etwas, seinem Niveau entsprechend, verbieten, dann schaut er uns manchmal bedeutungsvoll an, wiederholt die Erklärung und wendet sich anderem zu. Das hätten wir vor ein paar Jahren nie für möglich gehalten. Er kann sich jetzt gut auf das gesprochene Wort konzentrieren und spricht vieles richtig oder fast richtig nach. Wenn ich mich mit ihm zum Spielen hinsetze, dann gluckst er vor Freude und macht auch eine halbe Stunde lang mit. Allerdings muß ich mir immer wieder etwas Neues einfallen lassen, sonst wird es schnell langseilig für ihn. Große Schwierigkeiten bereitet ihm nach wie vor die «Auge-Hand-Koordination». Sicher liegt das auch daran, daß er schielt und daß er zusätzlich auch noch weitsichtig ist, seine Brille aber immer wieder herunterreißt. Wie kann man fehlende Einsicht ersetzen! Auf jeden Fall ist eine Schieloperation fällig, und davor habe ich Angst. Ich werde mit ins Krankenhaus gehen, und Frank wird den unbekannten Klinikbetrieb, die verbundenen Augen überhaupt nicht verstehen! Er wird wieder das «rasende kleine Ungeheuer» sein, dessen Leistungen jeder Außenstehende in dieser Situation völlig unterschätzt . . .

Das mangelhafte Sehen ist der Grund dafür, daß er nach wie vor seinen Stereotypien nachgeht, wenn er sich selbst überlassen ist, weil er dabei seine Augen nicht anzustrengen braucht. Kürzlich habe ich ihm eine dicke Perlonschnur mit schönen großen Holzperlen gekauft. Beim allererstenmal hat er drei Kugeln hineingesteckt, aber das war ihm zu anstrengend und er hat dann statt dessen wild in den Kugeln herumgewühlt. Das macht er jetzt immer, sobald ich mit den Holzperlen komme, auch die leckerste Belohnung kann ihn nicht davon abbringen. Manchmal setzen wir uns gegenüber auf den Boden, jeder nimmt ein flaches Klötzchen als Schläger in die Hand und dann spielen wir mit einem quadratischen Klötzchen «Pingpong». Er freut sich überschwenglich dabei, aber man merkt, wie anstrengend es für ihn ist. Gestern haben wir beide schallend gelacht, weil er immer wieder danebengeschossen hat, den Klotz ständig aus den Augen verlor und in alle Richtungen, nur nicht in meine, gezielt hat. Ich bin so froh, daß er diese fördernde Übung überhaupt annimmt.

Wenn er nachmittags aus dem Kindergarten heimkommt, muß ich mich gut auf ihn einstellen. Er paßt auch genau auf, ob irgend etwas in der Wohnung während seiner Abwesenheit verändert worden ist. Sind diese Punkte erfüllt, kann er sich gut umstellen, und wir freuen uns beide, daß wir in der kürzeren Zeit mehr voneinander haben. Am wenigsten kommen wir miteinander aus, wenn wir von morgens bis abends zusammen sind, also wenn Ferien sind oder wenn er krank ist. In allen zwischenmenschlichen Beziehungen ist es so, daß man sich gegenseitig «auf die Nerven geht», wenn man zu viel und ausschließlich miteinander zusammen ist. Wieso sollte das ausgerechnet auf die Mutter-Kind-Beziehung nicht zutreffen? Habe ich an solchen Tagen viel zu tun, dann setzt er wieder seine ganze Energie daran, Aufmerksamkeit zu erregen. Er kommt ständig zu mir und will, daß ich den herausgerissenen Arm seiner Puppe wieder hineinstecke, um ihn dann vor meinen Augen sogleich wieder herauszureißen. Auch mit dem Kopfschlagen fängt er dann wieder an, und wenn ich nicht reagiere, dann läuft er zu mir und sagt betont: «Kopf – weh!» Spazierengehen ist auch keine rechte Lösung, weil ich diesen «Nervenkrieg» einfach satthabe. Dagegen sagt seine Erzieherin, daß er beim gemeinsamen Spaziergang sich den anderen Kindern anschließt und nicht sonderlich auffällt. Eine Kindergruppe kann eben viel ausgleichen. Glücklicherweise haben wir jetzt einen zehn Meter langen Balkon, da kann er nach Herzenslust hin- und herlaufen.

Es ist und bleibt eine Überforderung, wenn wir beide gezwungen sind, zehn Stunden miteinander auszukommen. Sicher, wir kennen jetzt die Mutter eines Mädchens aus der Kindergartengruppe und besuchen uns hin und wieder gegenseitig. Aber ein gesundes Kind in seinem Alter kann allein auf die Straße gehen, zu seinen Freunden ... Er kann das alles nicht. Diese Erkenntnis tut weh, vor allem, wenn ich seine Freude sehe, wenn er Kindern auf der Straße zusieht. Werde ich auch in diesem Sommer mit ihm hinuntergehen, mich den Fragen der Kinder stellen und Frank «einfangen?» – Die Kinder hier in der Nachbarschaft sind älter als er, sind nicht mehr so unbefangen, wie damals die Drei- bis Fünfjährigen! Da wird eine unverkrampfte Begegnung für mich genauso schwierig wie die zwischen Frank und vielen Erwachsenen. Je älter Frank wird, desto schwieriger wird es für mich, mit ihm auf die Straße zu gehen. Ob er jemals in der Lage sein wird, reale Gefahren zu erkennen und entsprechend darauf zu reagieren? Ich darf mir keine Illusionen machen. Auf jeden Fall kann man sich vorstellen, daß eine solche körperliche Abhängigkeit und das «Angewiesensein» Aggressionen weckt. Wie ist doch die Freude von Frank übergroß, wenn Martin an einem Ferientag endlich nach Hause kommt.

Eigentlich wäre es für ein geistig behindertes Kind ideal, wenn die Eltern sich in der Pflege abwechseln könnten, die erdrückende Abhängigkeit von einer einzigen Person wäre etwas abgemildert. Die patriarchalisch strukturierte Kleinfamilie mit ihrer extremen Arbeits- und Rollenteilung ist für diese Kinder ein ungünstiger Rahmen. Während das gesunde Kind die «familiäre Einengung» aus eigenem Antrieb «sprengen» kann, ist das behinderte Kind ihr hilflos ausgeliefert. Deshalb ist es mir auch ein bißchen bange davor, daß Frank in diesem Sommer während der Ferien zu Hause sein wird. Es gibt sehr wenig Möglichkeiten, ein behindertes Kind zu einem Erholungsaufenthalt zu schicken. Kürzlich erfuhr ich von einem Angebot des Paritätischen Wohlfahrtsverbandes – die Plätze waren sofort überbelegt. In vielen Ländern gibt es spezielle «Heime für Kurzaufenthalte», die zur vorübergehenden Entlastung und bei Krankheit der Mutter einspringen.

Seit Frank in der Tagesstätte ist, weiß ich, daß Hausarbeit auch «Spaß» machen kann, weil für ein paar Stunden auch ein Ergebnis zu sehen ist. Ich sehe heute Franks Zukunft mit bangeren Gefühlen entgegen, als vor ein paar Jahren. Warum? Mit jedem Jahr, das ein geistig behindertes Kind älter wird, sinkt auch die Chance auf eine deutliche

Besserung. Die nach wie vor vorhandenen «visuellen Wahrnehmungsstörungen» stellen ein grundlegendes Hindernis für die Entwicklung der Selbständigkeit und Spielfähigkeit dar. Spielfähigkeit bedeutet gleichzeitig die Grundlage zur Fähigkeit, einfachste produktive Arbeiten zu verrichten, wie das in den sogenannten «Werkstätten für Behinderte» geschieht. Eigentlich ist in unserer hochtechnisierten Gesellschaft für geistig Behinderte gar kein Platz, weil einfache Arbeitsgänge schneller und billiger von Maschinen übernommen werden können. Schon wir Gesunden leiden unter dieser ständig fortschreitenden Rationalisierung. Behindertenarbeitsplätze müssen künstlich geschaffen werden, wird es immer Regierungen geben, die dazu bereit sind? Schon heute leistet der Staat und die Industrie lieber «Ausgleichszahlungen», anstatt behindertengerechte Arbeitsplätze bereitzustellen. Die Folge ist, daß immer mehr Behinderte, die noch in der freien Wirtschaft und beim Staat unterkommen könnten, in den Werkstätten für Behinderte landen. Die wirklich geistig Behinderten werden es dadurch schwerer haben.

Ob ich in absehbarer Zeit in den Beruf zurückkehren kann steht noch in den Sternen. Es käme nur eine Halbtagsstellung in Frage, und sie sind leider nicht zahlreich vorhanden. Andererseits habe ich mich in den letzten Jahren mit so viel «Menschlichem» beschäftigt und beschäftigen müssen, daß ich mich heute mit dem «Pläne-Zeichnen» nicht mehr so recht identifizieren kann. Aber wie viele Berufe gibt es heute noch, mit denen man sich voll identifizieren kann? Klingt es nicht etwas überheblich von mir, wenn ich meine, mich – im Gegensatz zu anderen Frauen – nicht «verkaufen» zu können? Auf jeden Fall wird die Arbeitsplatzsuche für mich von Jahr zu Jahr schwieriger, und wenn Frank, so hoffe ich, in eine beschützende Werkstatt kommt, bin ich ungefähr vierzig Jahre alt. Mit zwanzig Jahren Berufsunterbrechung muß ich mir dann einen Arbeitsplatz suchen! Wenn ich in den Beruf zurückkehre, dann werde ich kaum noch Zeit haben, mich für Politik zu interessieren. Ganz abgesehen davon: Wo sollte ich Frank bei Krankheit oder während der Ferien unterbringen? Alles Teile eines bislang ungelösten Puzzles – Frauenschicksal ganz einfach!

Ob wir jemals den Mut zu einem weiteren Kind aufbringen werden, weiß ich noch nicht. Viele Ärzte haben uns gesagt, daß wir so große oder kleine Chancen auf ein gesundes Kind haben wie die meisten gesunden Elternpaare auch. Feststeht: Wäre es ein gesundes Kind, dann wäre die Freude und Anerkennung im Verwandtenkreis übergroß; wäre es hingegen irgendwie geschädigt, dann würden uns die Sanktionen der Umwelt doppelt treffen. Wir könnten «alles gewinnen, aber auch alles verlieren». Manchmal wünsche ich mir noch ein Kind, aber dann fällt es mir wie Schuppen vor die Augen: Dieses Kind wäre auch ein «Mittel», um in die Reihe der «normalen Mütter» aufgenommen zu werden!

Ich besuche die Veranstaltungen der «Lebenshilfe», des Autistenverbandes, aber ich habe nicht die Absicht, «Behinderten-Funktionärin» zu werden. Ich habe die Erfahrung gemacht, daß in Parteien und Verbänden mehr Mitarbeit und Kontrolle von der Basis nötig ist. Funktionäre sind immer überlastet und geraten dadurch allzuleicht in die Gefahr, einseitig und verbohrt zu werden. Verständnis für Behinderte ist nicht durch einzelne «Führer» zu erreichen, sondern durch viele Betroffene, die mit ihrem geänderten Verhalten Zeichen setzen.

Frank ist kein Kind, das der Umwelt durch Anpassungsbereitschaft, bedingungsloses Vertrauen, Bescheidenheit und Gehorsam einen Ausgleich für die vorhandene Behinderung bietet. So leicht macht er es uns nicht. Genausowenig ist er ein Kind, dem mit Opferbereitschaft geholfen werden kann, weil wir dabei so unzufrieden wären, daß sein Zustand immer schlimmer würde.

Mit seinem Verhalten stellt er unsere armseligen Leistungs- und Verhaltensnormen derart auf den Kopf, so daß wir täglich von neuem gezwungen sind, uns selbst zu ändern. Er gehört zu denjenigen Menschen, die man in unserer finsteren Vergangenheit für «vom Teufel besessen» hielt, was manche auch heute noch glauben!

Erst die Auseinandersetzung auch mit dieser besonders benachteiligten Behindertengruppe eröffnet uns eine zusätzliche Chance auf mehr Menschlichkeit.

Adressenliste

Die Interessen behinderter Kinder und ihrer Eltern werden in der Bundesrepublik von zahlreichen Organisationen vertreten.

Allgemeine Auskünfte und Informationsmaterial über die Bundeszentrale für gesundheitliche Aufklärung, 5000 Köln, Postfach.

Lebenshilfe für geistig Behinderte

Bundesgeschäftstelle
355 Marburg/Lahn, Postfach 1486

Landesverband Baden-Württemberg
7000 Stuttgart, Hoffeldstr. 215, Tel. 0711–726–808

Landesverband Bayern
8520 Erlangen, Kitzingerstr. 6, Tel. 09131–43911

Landesverband Berlin
1000 Berlin 30, Potsdamer Str. 76, Tel. 030–261 1004/5

Landesverband Bremen
2800 Bremen, Gröpelinger Heerstraße 147, Tel. 0421–615588

Landesverband Hamburg
2000 Hamburg 11, Alter Fischmarkt 3, Tel. 040–325794

Landesverband Hessen
3550 Marburg 1, Schwangasse 15–17, Tel. 06421–26796

Landesverband Niedersachsen
3000 Hannover, Podbielskistr. 79, Tel. 0511–628071

Landesverband Nordrhein-Westfalen
5352 Zülpich 4 – Bürvenich, Tel. 02425–578

Landesverband Rheinland-Pfalz
6550 Bad Kreuznach, Kreuzstr. 80, Tel. 0671–32794

Landesverband Saarland
6600 Saarbrücken 2, Eifelstr. 2, Tel. 0681–740518

Landesverband Schleswig-Holstein
2308 Preetz, Kührener Str. 50, Tel. 04342–1991

Hilfe für das autistische Kind

Bundesgeschäftsstelle
2000 Hamburg 60, Bebelallee 141, Tel. 040–5115604

Landesverband Berlin
1000 Berlin 65, Tegelerstr. 43, Tel. 030–4656010

Landesverband Bremen,
2820 Bremen 77, Bütowerstr. 19, Tel. 0421–631687

Landesverband Niedersachsen
3000 Hannover, Bremeroderstr. 8, Tel. 0511–520701

Regionalverband Kassel-Göttingen
3436 Hessisch-Lichtenau, Am Mühlenberg 32, Tel. 05602–2964

Regionalverband Düsseldorf/Bergischer Kreis
4000 Düsseldorf 1, Cranachstr. 38, Tel. 0211–663295

Regionalverband Westliches Ruhrgebiet
4300 Essen 14, Graffweg 64, Tel. 0201–513384

Regionalverband Münsterland
4400 Münster, Hammerstr. 41, Tel. 0251–55651

Regionalverband Dortmund
4712 Werne, Robert-Koch-Str. 6, Tel. 02389–6332

Regionalverband Ostwestfalen-Lippe
4800 Bielefeld 1, Leineweberstr. 7

Regionalverband Rhein/Main
6000 Frankfurt/Main 1, Raimundstr. 138, Tel. 0611–566841

Regionalverband Stuttgart
7000 Stuttgart 70, Sonnenbühl 18 c, Tel. 0711–766401

Regionalverband München
8000 München 50, Feldmochinger Str. 33, Tel. 089-145732

2003/7

2003/7 a

rororo aktuell 4642